BESTACTIVITYBOOKS.COM

Copyright © 2022 LINGUAS CLASSICS

PRIMEIRA EDIÇÃO - 2022

Ilustración gráfica adicional: www.freepik.com
Graças a Alekksall, Starline, Pch.vector, Rawpixel.com, Vectorpocket, Dgim-studio, Upklyak, Macrovector, Stockgiu, Pikisuperstar & Freepik.com Designers

Descobrir Jogos Online Grátis

Disponível Aqui:

BestActivityBooks.com/FREEGAMES

5 DICAS PARA COMEÇAR

1) CÓMO RESOLVER LAS SOPA DE LETRAS

Os puzzles têm um formato clássico:

- As palavras estão escondidas sem espaços ou hífenes,...
- Orientação: As palavras podem ser escritas para a frente, para trás, para cima, para baixo ou na diagonal (podem ser invertidas).
- As palavras podem sobrepor-se ou intersectar-se.

2) APRENDIZAGEM ACTIVA

Ao lado de cada palavra há um espaço para anotar a tradução. Para encorajar a aprendizagem activa, um **DICIONÁRIO** no final desta edição permitir-lhe-á verificar e expandir os seus conhecimentos. Procure e anote as traduções, encontre-as no puzzle e adicione-as ao seu vocabulário!

3) MARCAR AS PALAVRAS

Pode inventar o seu próprio sistema de marcação - talvez já use um? Pode também, por exemplo, marcar palavras difíceis de encontrar com uma cruz, palavras favoritas com uma estrela, palavras novas com um triângulo, palavras raras com um diamante, e assim por diante.

4) ESTRUTURANDO A APRENDIZAGEM

Esta edição oferece um **CADERNO DE NOTAS** prático no final do livro. Nas férias, em viagem ou em casa, pode facilmente organizar os seus novos conhecimentos sem a necessidade de um segundo caderno!

5) JÁ TERMINOU TODAS AS GRELHAS?

Nas últimas páginas deste livro, na secção **DESAFIO FINAL**, encontrará um jogo gratuito!

Rápido e fácil! Consulte a nossa colecção de livros de actividades para o seu próximo momento de diversão e **aprendizagem**, a apenas um clique de distância!

Encontre o seu próximo desafio em:

BestActivityBooks.com/MeuProximoLivro

Aos vossos lugares, preparem-se...Vão!

Sabia que existem cerca de 7.000 línguas diferentes no mundo? As palavras são preciosas.

Adoramos línguas e temos trabalhado arduamente para criar livros da mais alta qualidade para si. Os nossos ingredientes?

Uma selecção de tópicos adequados à aprendizagem, três boas porções de entretenimento, e depois acrescentamos uma colherada de palavras difíceis e uma pitada de palavras raras. Servimo-los com amor e máximo divertimento, para que possa resolver os melhores jogos de palavras e se divirta a aprender!

A sua opinião é essencial. Pode participar activamente no sucesso deste livro, deixando-nos um comentário. Gostaríamos de saber o que mais lhe agradou nesta edição.

Aqui está um link rápido para a sua página de encomendas:

BestBooksActivity.com/Avaliacoes50

Obrigado pela vossa ajuda e divirtam-se!

A Equipa Inteira

1 - Dirigindo

读	动	影	趣	图	暇	猎	绘	行	人	安	全	警	足	品	钓
摄	工	松	瓷	魔	钓	针	园	击	暇	拳	技	告	绘	园	游
拳	摄	乐	品	露	拳	球	跳	鱼	图	读	猎	艺	远	针	足
暇	园	影	绘	读	能	园	瓷	棒	拼	拼	暇	趣	松	跳	露
执	远	益	法	纫	球	品	瓷	游	图	拳	魔	利	松	能	戏
潜	照	魔	工	针	魔	拳	放	法	陶	游	魔	戏	猎	戏	益
法	暇	魔	拼	街	汽	地	露	读	缝	趣	针	园	舞	足	术
缝	足	棒	足	露	车	图	狩	图	击	法	远	图	瓷	摄	隧
棒	针	法	猎	棒	读	托	潜	路	游	益	动	球	瓷	缝	道
画	跳	能	图	工	园	交	摩	摄	棒	放	放	狩	品	鱼	活
摄	针	活	艺	技	绘	通	织	技	足	工	营	益	织	足	摄
气	体	狩	园	潜	鱼	鱼	纫	魔	工	技	跳	狩	魔	图	艺
图	刹	车	艺	舞	趣	阅	危	猎	技	利	术	陶	绘	远	读
能	事	读	乐	阅	技	鱼	险	园	狩	燃	针	猎	运	篮	潜
舞	故	陶	园	品	击	针	露	松	拼	料	趣	击	输	警	能
松	松	车	库	马	达	拳	松	拳	益	球	图	球	营	趣	察

事故
汽车
燃料
警告
刹车
车库
气体
执照
地图

摩托车
马达
行人
危险
警察
安全
运输
交通
隧道

2 - Antiguidades

利 松 硬 园 松 狩 动 缝 品 绘 织 击 品 鱼 摄 画
品 法 币 足 益 影 舞 篮 纫 魔 影 优 雅 绘 能 篮
技 陶 影 风 戏 摄 动 乐 足 放 技 园 球 戏 放 纫
魔 跳 法 格 拳 猎 织 拼 潜 针 缝 活 织 拳 露
艺 技 品 价 术 足 园 图 摄 舞 拳 舞 益 图 能 缝
法 远 织 活 园 恢 园 陶 影 针 远 益 乐 能 篮
动 品 利 篮 图 复 异 织 放 猎 织 趣 魔 老 织
读 针 游 营 击 拍 常 装 利 的 拳 篮 针 绘 价
乐 暇 质 营 舞 卖 阅 饰 性 钓 技 缝 跳 缝 值
纫 暇 活 量 画 缝 篮 营 活 世 缝 艺 术 活 动
艺 跳 鱼 针 图 球 篮 利 拼 针 影 投 游 击
术 潜 几 狩 益 足 法 松 针 趣 针 资 画 绘
猎 艺 十 法 益 拳 画 廊 艺 法 钓 放 画 篮
篮 针 年 阅 瓷 正 阅 球 远 图 家 具 放 活
图 雕 塑 瓷 钓 宗 露 猎 钓 暇 园 纫 魔
放 纫 放 阅 篮 足 放 影 能 棒 放 阅 绘 益 魔

字词表

艺术
正宗
装饰性的
几十年
优雅
雕塑
风格
画廊
异常
投资

项目
拍卖
家具
硬币
价格
质量
恢复
世纪
价值

3 - Atividades

活	动	放	拼	利	陶	画	利	拼	术	织	击	绘	露	影	棒
陶	瓷	拳	织	利	针	阅	乐	趣	狩	猎	跳	跳	狩	园	钓
跳	瓷	跳	画	术	暇	击	营	营	舞	术	法	猎	品	艺	工
影	绘	拳	能	魔	纫	画	戏	绘	织	影	读	戏	园	魔	绘
品	营	图	陶	画	园	跳	棒	猎	能	纫	棒	利	棒	足	品
营	暇	暇	利	法	画	篮	球	乐	球	技	松	摄	针	戏	绘
针	魔	球	艺	跳	针	技	园	放	狩	露	针	拼	活	图	术
趣	瓷	益	趣	纫	技	摄	瓷	松	动	摄	工	缝	针	拼	织
远	利	园	篮	画	游	影	益	棒	击	舞	潜	影	拼	跳	动
织	足	游	瓷	钓	鱼	鱼	球	篮	动	品	趣	艺	缝	暇	读
魔	法	足	戏	暇	园	活	利	潜	艺	技	击	放	法	瓷	放
游	潜	图	球	针	露	工	乐	营	绘	暇	术	术	法	利	益
趣	戏	放	品	工	陶	绘	陶	利	拼	跳	摄	影	魔	足	营
读	摄	艺	艺	技	拼	动	暇	艺	术	放	图	放	阅	读	足
陶	游	篮	技	能	艺	法	织	魔	绘	舞	摄	猎	动	舞	跳
画	动	读	术	益	影	戏	活	纫	球	读	读	能	影	缝	活

艺术
工艺品
活动
狩猎
远足
陶瓷
摄影
技能

利益
园艺
游戏
阅读
魔法
钓鱼
乐趣
放松

4 - Churrascos

远 鱼 家 术 动 园 能 品 沙 拉 益 远 舞 远 画 园
暇 球 庭 击 品 篮 法 术 露 拼 棒 园 游 品 趣 织
法 陶 益 魔 艺 朋 友 拳 趣 术 暇 热 艺 艺 画 缝
戏 读 纫 影 潜 摄 音 番 纫 潜 拼 工 园 钓 技 跳
趣 狩 绘 松 艺 舞 乐 茄 阅 球 缝 技 益 足 技
露 暇 活 松 拳 陶 放 拳 营 游 画 技 织 能 拳
工 戏 洋 葱 远 放 潜 暇 猎 活 狩 营 猎 暇 动
缝 画 钓 潜 拳 跳 瓷 刀 戏 放 益 阅 胡 酱 园
能 暇 饥 画 猎 钓 露 趣 绘 盐 水 陶 影 椒 技
绘 法 乐 饿 松 摄 活 针 露 球 果 阅 远 技 法
趣 技 摄 活 画 远 戏 跳 陶 益 击 能 远 游 舞
狩 鱼 织 乐 艺 利 趣 狩 暇 阅 营 夏 游 戏 烧
游 拳 松 钓 绘 阅 蔬 菜 猎 织 法 天 法 戏 烤
绘 足 针 读 远 影 艺 动 鱼 拼 趣 钓 阅 图 工 活
足 技 园 纫 鱼 动 篮 工 工 舞 利 鸡 艺 拳 读 园
晚 餐 午 阅 拳 足 摄 露 舞 放 针 陶 摄 露 活 影

午餐
朋友
洋葱
家庭
饥饿
水果
烧烤
晚餐

游戏
蔬菜
音乐
胡椒
沙拉
番茄
夏天

5 - Geologia

针	能	棒	头	石	化	阅	猎	露	拼	技	露	高	松	阅	阅
足	绘	篮	营	笋	舞	缝	法	棒	鱼	织	品	原	图	陶	画
图	陶	法	放	拳	益	篮	钓	暇	缝	鱼	技	钙	拳	露	游
缝	技	远	远	术	绘	魔	松	水	阅	钓	露	球	读	潜	击
拼	舞	乐	纫	足	摄	园	戏	晶	纫	戏	缝	钟	工	露	艺
纫	狩	能	暇	影	针	趣	技	足	舞	活	跳	乳	远	熔	纫
法	地	球	魔	酸	舞	钓	魔	瓷	露	舞	英	石	工	岩	阅
图	震	暇	法	魔	露	陶	益	针	乐	大	球	术	珊	瑚	舞
益	瓷	侵	蚀	绘	远	能	能	益	缝	艺	陆	鱼	暇	松	球
火	矿	物	松	洞	穴	画	区	棒	法	动	放	品	阅	缝	篮
拳	山	工	园	园	瓷	摄	读	阅	棒	拼	图	营	瓷	图	跳
游	舞	缝	远	绘	益	潜	放	影	游	法	绘	篮	摄	艺	阅
魔	趣	品	摄	跳	法	盐	法	远	舞	益	层	绘	影	瓷	钓
图	针	跳	远	松	绘	狩	狩	钓	魔	击	狩	阅	露	画	动
纫	瓷	放	击	跳	益	拳	陶	活	读	拼	针	工	工	术	猎
趣	猎	画	营	足	影	技	影	远	工	利	趣	乐	技	技	暇

<table>
<tr><td>洞穴</td><td>熔岩</td></tr>
<tr><td>大陆</td><td>矿物</td></tr>
<tr><td>珊瑚</td><td>石头</td></tr>
<tr><td>水晶</td><td>高原</td></tr>
<tr><td>侵蚀</td><td>石英</td></tr>
<tr><td>钟乳石</td><td>地震</td></tr>
<tr><td>石笋</td><td>火山</td></tr>
<tr><td>化石</td><td></td></tr>
</table>

6 - Ética

图 利 术 阅 摄 棒 现 园 击 摄 松 放 法 阅 足 狩
哲 学 他 园 瓷 影 实 瓷 画 图 远 潜 放 游 画 猎
理 合 同 主 术 术 趣 趣 图 戏 拳 猎 跳 益 影
品 作 情 理 义 陶 益 钓 鱼 利 戏 松 活 影 影
营 能 篮 性 人 织 实 拳 动 阅 耐 益 暇 益 露
陶 拳 营 仁 诚 织 摄 攝 击 心 术 暇 潜 活
工 针 陶 慈 摄 针 魔 园 缝 活 纫 缝 纫 潜 钓
跳 暇 园 品 品 影 猎 艺 远 园 远 技 戏 趣 营 跳
狩 暇 针 纫 画 瓷 拼 球 阅 阅 动 戏 品 鱼 趣
摄 舞 尊 松 乐 拼 画 个 游 利 放 园 松 狩 影
远 魔 工 敬 观 拳 远 游 游 狩 跳 趣 陶 摄 乐
鱼 织 棒 足 的 能 乐 益 人 跳 攝 摄 棒 猎
影 动 钓 动 营 游 工 动 容 主 跳 义 魔 陶 拼 放
活 游 猎 正 画 远 术 露 摄 跳 纫 利 针 乐 舞
益 读 球 直 鱼 拼 篮 营 智 远 狩 松 暇 摄
拼 游 远 尊 严 善 良 鱼 露 品 慧 活 球 跳 外 交 动

利 他 主 义   个 人 主 义
仁 慈   正 直
善 良   乐 观
同 情   耐 心
合 作   理 性
尊 严   合 理
外 交   现 实 主 义
哲 学   尊 敬 的
诚 实   智 慧
人 性   宽 容

7 - Tempo

猎	暇	阅	影	远	远	工	法	狩	足	舞	放	动	利	瓷	陶
鱼	鱼	鱼	棒	瓷	法	绘	陶	松	艺	园	跳	舞	工	拼
舞	动	日	历	影	游	影	缝	魔	足	露	织	活	戏	技	工
游	营	园	织	球	针	鱼	陶	益	今	术	篮	乐	能	跳	活
拳	远	园	钓	绘	绘	活	缝	技	天	昨	织	织	读	棒	技
趣	魔	游	鱼	乐	棒	鱼	术	十	读	艺	图	年	每	益	工
分	影	放	足	潜	篮	远	远	瓷	年	工	阅	营	戏	摄	鱼
游	钟	织	活	针	阅	足	鱼	时	钟	松	足	趣	狩	钓	园
松	营	影	品	绘	瓷	益	利	露	暇	暇	法	利	画	阅	魔
纫	舞	击	动	日	乐	击	猎	读	阅	陶	术	技	以	前
猎	现	在	图	影	图	月	活	画	露	法	法	魔	品	品	能
舞	潜	魔	球	戏	缝	法	鱼	绘	针	猎	舞	图	纫	中	拼
棒	织	画	动	小	绘	画	拼	纫	未	术	技	晚	上	午	猎
潜	拼	周	潜	时	游	图	纫	能	来	松	放	利	舞	缝	拼
戏	远	摄	技	钓	钓	暇	远	放	狩	趣	营	早	拳	时	艺
乐	游	法	品	乐	营	球	世	纪	缝	术	游	晨	游	刻	放

现	在		早	晨	
以	前		中	午	
每	年		分	钟	
日	历	年	时	刻	
十	未	来	晚	上	天
今	天		昨	钟	
小	时		时	世	纪

8 - Astronomia

营 营 读 猎 陶 品 猎 舞 读 远 活 动 图 纫 艺 潜
缝 戏 能 宙 拼 工 能 暇 棒 瓷 棒 营 春 分 钓 击
法 活 读 宇 航 员 拳 织 针 针 球 舞 动 乐 工 画
台 足 瓷 绘 织 园 阅 品 舞 拳 鱼 足 舞 摄 舞 摄
文 技 游 舞 陶 品 钓 云 舞 园 游 营 钓 狩 阅 营
天 摄 游 钓 法 画 魔 星 座 猎 足 趣 画 狩 露 辐
文 松 摄 放 猎 放 术 行 钓 术 陶 篮 技 法 拳 射
学 太 阳 的 远 艺 缝 月 猎 营 小 远 织 艺 狩 狩
家 潜 工 拼 动 阅 跳 织 亮 地 乐 行 乐 阅 瓷 织
影 画 术 园 狩 工 能 击 流 趣 球 星 蚀 益 图 摄
钓 足 摄 星 营 鱼 魔 露 星 摄 乐 舞 松 鱼 陶 技
魔 拼 影 系 园 魔 纫 能 术 法 钓 利 营 阅 舞 乐
品 阅 天 空 绘 益 陶 纫 火 箭 狩 影 利 狩 工 拼
法 能 猎 缝 影 钓 绘 影 超 品 足 足 钓 棒 放 狩
技 狩 趣 品 缝 技 拳 针 魔 新 舞 技 活 活 艺 露
跳 篮 陶 工 园 动 工 重 力 益 星 缝 能 艺 摄 针

小行星	流星
宇航员	星云
天文学家	天文台
天空	行星
星座	辐射
春分	太阳的
火箭	超新星
星系	地球
重力	宇宙
月亮	

9 - Acampamento

拼	拼	织	品	摄	足	篮	阅	乐	织	益	足	品	针	益	影
缝	画	拳	狩	画	戏	技	火	益	影	读	读	棒	园	图	品
球	术	设	益	游	法	影	摄	益	摄	图	潜	艺	图	工	绘
拼	拼	备	瓷	术	术	织	阅	瓷	技	猎	能	动	画	能	影
露	猎	拳	园	魔	暇	放	品	球	活	舞	工	足	图	画	工
工	园	露	动	物	营	露	松	益	纫	阅	舞	月	松	摄	棒
拼	昆	虫	画	活	摄	击	乐	影	舞	狩	影	亮	营	球	暇
舞	术	趣	远	足	舱	益	鱼	冒	山	湖	大	自	然	帐	篷
鱼	阅	阅	法	缝	画	树	木	森	险	戏	击	工	影	戏	读
艺	戏	鱼	益	跳	绘	猎	露	林	击	地	松	图	击	艺
绘	绘	绘	品	狩	狩	能	远	远	帽	子	图	乐	拳	术	暇
缝	利	足	乐	营	猎	放	园	足	松	绳	舞	拳	针	针	缝
罗	拳	独	狩	戏	远	拳	活	绘	趣	活	读	利	击	鱼	针
猎	盘	木	纫	趣	戏	绘	阅	放	潜	图	远	能	活	猎	乐
猎	足	舟	摄	瓷	阅	摄	棒	击	露	园	活	能	拳	工	猎
乐	钓	瓷	魔	术	击	拳	画	拼	棒	放	吊	床	动	击	图

动物
冒险
树木
罗盘
狩猎
独木舟
帽子
绳子

设备
森林
昆虫
月亮
吊床
地图
大自然
帐篷

10 - Ficção Científica

狩 足 书 营 远 戏 缝 足 魔 猎 针 动 露 活 图 机
缝 拼 籍 图 针 利 瓷 球 足 拳 虚 构 的 游 狩 器
益 鱼 露 营 益 阅 拳 钓 术 击 能 能 露 绘 狩 人
营 魔 鱼 魔 活 术 钓 艺 阅 摄 影 甲 骨 文 绘 棒
陶 魔 动 利 缝 击 极 能 绘 戏 益 拳 放 营 幼 工
读 篮 幼 舞 猎 能 端 反 露 利 瓷 原 子 拳 界 游
暇 舞 瓷 足 暇 技 潜 乌 露 艺 狩 益 拳 针 营 魔
舞 潜 松 陶 星 行 戏 托 松 篮 露 陶 益 松 缝 利
远 动 露 瓷 系 球 未 邦 托 乌 击 魔 织 乐 针 拳
场 景 拳 瓷 放 爆 活 来 拼 松 暇 放 图 跳 术
游 远 幼 拼 远 益 炸 工 派 图 电 影 画 阅 益 拼
活 陶 游 动 暇 绘 动 画 绘 幼 工 品 活 篮 火 猎
足 拼 戏 动 阅 工 品 松 缝 瓷 戏 跳 露 错 魔 放
猎 鱼 图 营 潜 画 暇 读 克 活 跳 神 拼 乐 觉 技
园 织 跳 乐 趣 利 露 隆 松 戏 动 秘 拼 阅 绘 术
能 远 暇 篮 跳 狩 潜 露 缝 益 术 织 拳 篮 技 能

原子
场景
电影
克隆
反乌托邦
爆炸
极端
未来派
星系
错觉

虚构的
书籍
神秘
世界
甲骨文
行星
机器人
技术
乌托邦

11 - Mitologia

品	雷	动	舞	影	纫	篮	绘	摄	游	品	缝	文	拼	战	缝
阅	益	活	术	棒	动	舞	舞	戏	技	园	拳	化	暇	士	摄
营	棒	能	游	艺	陶	趣	趣	绘	利	传	说	怪	物	园	游
图	露	舞	利	织	陶	球	力	能	画	摄	摄	篮	图	远	针
纫	术	舞	棒	趣	园	行	足	量	织	阅	益	棒	乐	画	工
营	棒	影	绘	影	远	品	为	潜	术	足	舞	露	趣	活	暇
戏	篮	摄	技	乐	能	缝	远	魔	拳	远	画	魔	潜	摄	术
织	远	生	物	阅	创	暇	图	潜	狩	营	潜	戏	纫	潜	术
图	影	拼	远	潜	造	利	神	魔	戏	纫	拳	戏	游	绘	陶
女	主	角	球	趣	活	摄	奇	暇	棒	放	放	阅	篮	法	缝
园	绘	法	技	足	复	动	缝	织	纫	露	戏	活	摄	陶	暇
园	趣	迷	猎	利	仇	钓	工	棒	织	利	潜	图	远	瓷	瓷
拳	棒	宫	读	纫	跳	瓷	拳	放	嫉	击	摄	游	暇	灾	难
原	型	陶	戏	术	狩	潜	活	猎	猎	妒	针	陶	远	魔	戏
趣	利	陶	工	能	趣	图	图	足	术	英	艺	绘	跳	猎	潜
闪	电	法	绘	拼	缝	艺	读	不	朽	雄	露	凡	人	影	影

原型
嫉妒
行为
创造
生物
文化
灾难
力量
战士
女主角

英雄
不朽
迷宫
传说
神奇
怪物
凡人
闪电
复仇

12 - Medições

击	篮	公	影	益	舞	狩	缝	图	活	夸	脱	摄	阅	深	魔
露	舞	斤	活	狩	工	法	绘	克	十	进	制	益	猎	度	长
营	艺	拳	游	动	暇	足	摄	利	法	棒	艺	动	益	艺	高
营	拳	钓	艺	篮	织	宽	击	法	游	放	瓷	画	益	远	营
魔	动	艺	拳	棒	松	度	趣	艺	厘	品	棒	针	陶	影	营
纫	狩	活	缝	能	戏	品	园	利	米	魔	篮	瓷	乐	图	法
魔	狩	缝	字	节	游	远	活	术	活	陶	米	法	狩	益	缝
露	鱼	织	狩	足	针	针	狩	魔	园	阅	动	棒	舞	乐	乐
活	缝	艺	拳	乐	拼	重	魔	拼	纫	戏	露	拳	狩	篮	鱼
暇	术	狩	鱼	公	里	量	艺	吨	卷	动	画	放	品	钓	英
艺	活	营	营	鱼	针	质	纫	钓	狩	营	放	钓	织	品	寸
猎	读	纫	升	绘	营	利	魔	活	摄	露	钓	品	魔	拳	织
影	针	露	击	读	暇	趣	针	摄	画	能	鱼	阅	潜	能	分
魔	鱼	猎	舞	能	益	钓	动	拼	放	读	工	益	活	能	钟
盎	司	陶	篮	能	松	松	乐	阅	鱼	放	图	放	游	舞	击
钓	品	缝	动	读	绘	击	松	园	陶	露	猎	利	狩	钓	潜

高度
字节
厘米
长度
十进制
宽度
质量
分钟

盎司
重量
英寸
深度
夸脱
公斤
公里

13 - Álgebra

棒	棒	趣	品	数	量	针	鱼	动	品	瓷	技	影	品	棒	缝
艺	棒	狩	趣	分	变	针	园	暇	益	影	术	读	瓷	因	拼
球	拼	织	拼	织	方	程	钓	球	潜	鱼	活	能	技	素	括
线	陶	足	游	读	读	工	拼	瓷	松	益	图	魔	能	阅	号
性	公	式	舞	拼	织	游	缝	针	足	摄	工	魔	乐	简	艺
艺	篮	潜	缝	棒	术	法	纫	足	击	舞	图	术	放	化	露
潜	棒	织	击	拳	技	放	活	案	钓	法	击	钓	利	暇	魔
舞	松	陶	画	潜	放	瓷	击	方	法	技	潜	露	狩	鱼	针
缝	利	零	露	猎	足	图	解	决	拼	法	图	远	猎	球	放
游	篮	趣	瓷	远	技	放	针	解	摄	戏	松	问	园	棒	篮
篮	艺	拳	缝	猎	无	限	松	缝	读	画	跳	活	题	工	技
绘	钓	利	鱼	摄	技	狩	阅	影	品	棒	阅	法	魔	活	跳
矩	瓷	游	营	织	松	读	猎	读	绘	潜	艺	击	法	指	足
织	阵	陶	跳	活	跳	舞	图	表	跳	露	品	暇	魔	和	数
减	舞	园	击	营	营	术	鱼	松	绘	针	球	拳	拼	露	纫
法	能	图	阅	影	拼	猎	跳	游	阅	缝	法	魔	园	缝	活

图表
方程
指数
因素
公式
分数
无限
线性
矩阵

括号
问题
数量
解决
简化
解决方案
减法
变量

14 - Plantas

绘	摄	乐	针	术	拳	猎	益	陶	趣	画	纫	乐	拼	能	跳
跳	篮	苔	读	读	魔	陶	营	拳	益	读	法	法	乐	纫	法
暇	拳	舞	藓	舞	狩	远	织	瓣	花	跳	读	摄	园	常	摄
活	露	拳	摄	魔	缝	拼	露	击	舞	园	露	篮	针	春	法
图	草	动	工	利	术	缝	戏	根	瓷	陶	肥	能	利	藤	织
织	本	能	阅	读	潜	工	跳	魔	露	球	植	料	织	森	林
艺	植	动	放	拳	松	绘	游	球	游	放	物	能	趣	针	露
远	物	树	读	魔	园	棒	拳	陶	品	动	园	技	远	鱼	舞
球	读	叶	拳	织	缝	绘	潜	狩	瓷	能	魔	画	纫	拳	工
读	乐	舞	鱼	图	拼	猎	植	物	学	图	跳	品	拳	猎	潜
活	益	工	益	园	营	活	绘	缝	猎	能	棒	营	拳	乐	拼
缝	园	艺	艺	动	豆	仙	人	掌	戏	拼	影	营	草	绘	绘
法	露	放	园	技	艺	活	狩	图	阅	营	游	放	篮	植	被
摄	篮	鱼	足	狩	影	阅	松	活	利	竹	子	浆	能	纫	鱼
拳	阅	放	魔	狩	灌	放	魔	织	魔	动	营	果	动	读	营
画	篮	拳	阅	露	木	猎	舞	针	足	益	鱼	阅	拳	技	放

灌木	森林
浆果	树叶
竹子	常春藤
植物学	花园
仙人掌	苔藓
草本植物	花瓣
肥料	植被
植物	

15 - Veículos

纫	猎	篮	瓷	动	放	足	松	法	篮	陶	益	品	击	画	园
法	陶	织	读	鱼	足	放	趣	鱼	图	舞	法	狩	狩	游	营
影	钓	足	露	戏	篮	摄	纫	狩	舞	火	影	益	魔	瓷	拳
滑	放	舞	拼	技	画	飞	机	升	直	箭	瓷	趣	击	织	乐
游	板	术	远	绘	纫	利	地	铁	品	拼	动	纫	拳	影	法
汽	车	车	篷	大	自	行	车	活	影	魔	趣	狩	动	读	远
工	护	卡	工	读	织	远	图	法	图	拳	筏	拖	船	拳	鱼
棒	救	利	动	露	鱼	游	绘	纫	总	线	针	拉	放	织	戏
活	工	图	拼	钓	营	针	货	游	篮	放	园	机	艺	读	潜
影	营	织	出	租	车	阅	乐	车	击	陶	术	图	读	瓷	艇
潜	绘	鱼	猎	纫	钓	游	画	趣	能	阅	远	趣	动	园	乐
暇	拼	园	艺	瓷	术	远	乐	跳	营	陶	技	缝	猎	益	远
利	画	拼	图	纫	营	织	阅	织	放	暇	棒	棒	读	技	图
远	远	影	跳	狩	摄	活	瓷	舞	影	舞	放	工	针	松	游
马	利	狩	篮	营	狩	乐	技	益	舞	影	图	狩	猎	益	放
达	针	鱼	利	暇	针	缝	轮	胎	鱼	击	纫	渡	轮	画	绘

救护车
飞机
渡轮
自行车
卡车
大篷车
汽车
火箭
货车

直升机
滑板车
地铁
马达
总线
轮胎
潜艇
出租车
拖拉机

16 - Engenharia

马	瓷	击	棒	拳	益	球	针	柴	油	针	图	术	放	钓	影
达	放	艺	戏	读	艺	放	瓷	品	液	篮	读	击	阅	拼	钓
篮	技	游	舞	技	暇	击	营	拼	体	分	击	游	击	益	园
拳	针	艺	艺	营	击	阅	摄	影	篮	配	狩	陶	能	源	益
能	品	鱼	篮	钓	放	图	法	乐	益	趣	球	放	乐	轴	拼
暇	远	针	跳	园	纫	钓	织	画	纫	趣	阅	法	足	舞	远
能	放	露	工	棒	利	动	动	舞	计	力	放	直	松	杠	杆
园	动	魔	钓	园	远	动	瓷	游	算	量	织	径	品	松	影
推	乐	阅	拼	稳	瓷	摄	动	艺	品	测	利	角	陶	缝	摩
进	品	图	魔	定	缝	营	结	构	戏	益	潜	画	度	运	擦
动	球	益	营	性	摄	远	狩	魔	鱼	篮	术	图	击	益	动
暇	跳	放	篮	针	品	摄	影	棒	篮	阅	露	影	技	钓	动
潜	动	品	跳	摄	读	游	影	法	鱼	拼	图	趣	篮	织	钓
瓷	舞	机	器	游	活	影	远	狩	潜	纫	潜	表	益	活	暇
狩	法	阅	绘	游	舞	拳	技	魔	缝	能	深	度	松	球	艺
猎	跳	魔	篮	拼	益	阅	摄	能	足	纫	乐	阅	乐	露	狩

杠杆
摩擦
角度
计算
图表
直径
柴油
分配
能源
稳定性

结构
力量
液体
机器
测量
马达
运动
深度
推进

17 - Restaurante # 2

服	棒	读	勺	远	益	沙	放	阅	午	拼	瓷	美	味	乐	影
务	缝	戏	子	露	露	拉	活	狩	餐	乐	球	拼	击	露	动
员	钓	潜	园	针	画	蛋	暇	织	陶	拼	术	露	益	针	游
织	术	益	露	工	拳	术	糕	暇	技	舞	露	球	棒	艺	动
暇	工	松	猎	能	魔	足	工	园	艺	品	乐	冰	法	篮	球
鱼	乐	摄	读	棒	松	暇	影	开	胃	菜	蔬	能	瓷	艺	读
艺	瓷	利	拼	摄	园	露	跳	放	水	果	戏	动	摄	放	工
放	工	球	拳	园	远	绘	篮	击	益	园	叉	艺	游	鱼	活
法	球	戏	图	缝	跳	动	球	面	鱼	水	子	暇	画	远	织
放	品	拳	摄	活	晚	潜	放	动	条	盐	狩	阅	棒	缝	纫
品	舞	工	击	狩	针	餐	露	纫	跳	舞	狩	读	棒	击	篮
读	舞	益	狩	潜	术	椅	纫	松	活	技	戏	汤	品	魔	钓
乐	技	活	魔	棒	影	子	潜	棒	篮	瓷	工	游	拼	绘	拳
画	能	瓷	活	纫	戏	艺	戏	魔	香	缝	拳	足	益	瓷	艺
营	游	绘	画	绘	猎	足	钓	活	料	饮	足	拳	技	戏	园
鱼	读	跳	游	技	益	击	跳	艺	图	篮	暇	法	暇	阅	篮

午餐	水果
开胃菜	服务员
饮料	叉子
蛋糕	晚餐
椅子	蔬菜
勺子	面条
美味	沙拉
香料	

18 - Países #2

影	营	巴	尼	泊	尔	乌	干	达	绘	暇	猎	牙	买	加	法
能	足	基	影	读	读	法	能	叙	技	瓷	鱼	鱼	术	能	远
法	艺	斯	黎	巴	嫩	阅	潜	利	瓷	拳	钓	放	希	阅	能
品	国	坦	跳	跳	益	营	丹	亚	营	营	篮	松	腊	缝	松
图	营	游	益	针	乐	阅	麦	篮	松	法	狩	拼	营	读	魔
棒	营	针	法	艺	缝	艺	暇	益	绘	绘	瓷	缝	放	动	园
暇	陶	陶	趣	营	针	画	趣	园	魔	纫	篮	园	纫	魔	老
瓷	阅	绘	跳	活	暇	钓	趣	击	法	摄	能	棒	球	法	挝
篮	品	放	钓	棒	摄	日	潜	陶	阿	益	针	魔	缝	钓	乐
击	舞	品	乐	动	益	墨	本	索	尔	猎	钓	画	动	技	游
益	瓷	瓷	暇	摄	拼	西	读	马	巴	缝	摄	趣	跳	陶	篮
篮	工	乐	工	读	魔	哥	图	里	尼	活	活	活	远	利	舞
乌	克	兰	海	地	俄	罗	斯	能	亚	暇	艺	图	摄	阅	猎
影	艺	术	尔	潜	印	度	尼	西	亚	利	日	尼	篮	能	技
营	益	露	远	爱	活	陶	阅	陶	戏	松	瓷	能	法	艺	游
益	瓷	松	陶	猎	纫	鱼	趣	棒	露	织	图	园	缝	鱼	乐

阿尔巴尼亚
丹麦
法国
希腊
海地
印度尼西亚
爱尔兰
牙买加
日本
老挝
黎巴嫩
墨西哥
尼泊尔
尼日利亚
巴基斯坦
俄罗斯
叙利亚
索马里
乌克兰
乌干达

19 - Material de Arte

松	鱼	画	艺	读	针	针	远	活	游	织	术	法	益	利	品
橡	皮	架	针	跳	猎	放	阅	拳	鱼	法	动	陶	足	纫	活
球	猎	园	放	粉	棒	暇	戏	园	动	摄	术	足	露	放	工
松	潜	营	钓	彩	品	魔	潜	阅	读	拼	魔	影	魔	阅	工
趣	陶	乐	远	瓷	墨	水	术	艺	工	趣	照	拳	瓷	术	利
桌	子	刷	摄	魔	猎	拼	跳	瓷	松	露	相	动	工	趣	暇
铅	木	篮	图	画	营	狩	术	缝	摄	球	机	椅	拳	缝	阅
阅	笔	炭	丙	烯	酸	纤	维	水	趣	游	影	子	能	益	游
露	乐	画	瓷	胶	水	舞	游	彩	技	利	猎	拳	营	影	击
潜	技	跳	跳	摄	营	游	营	远	戏	魔	趣	读	图	击	绘
纸	能	艺	跳	摄	能	摄	能	漆	油	足	颜	色	画	足	纫
绘	针	猎	乐	能	远	纫	读	术	针	陶	动	缝	品	舞	读
足	营	织	暇	摄	术	术	法	缝	术	创	动	水	瓷	猎	击
技	影	钓	鱼	读	影	篮	趣	拼	园	球	造	拳	陶	陶	松
工	利	益	趣	术	魔	游	黏	瓷	术	舞	拼	力	摄	能	技
击	园	图	远	棒	乐	织	土	纫	法	益	摄	纫	图	利	品

丙烯酸纤维	颜色
橡皮	创造力
水彩	刷子
黏土	铅笔
椅子	桌子
木炭	粉彩
画架	墨水
照相机	油漆
胶水	

20 - Números

魔 击 活 影 拼 绘 瓷 棒 游 益 跳 技 猎 陶 潜 零
猎 画 益 击 法 跳 图 园 营 能 织 摄 拼 品 织 钓
松 放 跳 读 舞 六 瓷 拼 技 益 技 乐 放 球 阅 篮
读 织 能 纫 阅 放 击 魔 织 纫 趣 篮 松 九 跳 拳
益 十 六 阅 缝 舞 利 营 跳 足 松 游 棒 影 法 阅
绘 拳 利 狩 球 放 工 技 狩 松 织 纫 钓 读 球 画
跳 球 乐 暇 利 球 拳 图 戏 能 法 瓷 营 二 十 二
法 纫 艺 益 纫 球 术 鱼 画 能 益 纫 摄 足 动 读
摄 能 织 针 舞 陶 潜 击 露 戏 七 乐 潜 阅 营 一
露 钓 动 松 能 拳 远 狩 利 纫 动 园 影 露 舞 拼
纫 画 篮 击 阅 十 五 活 露 趣 术 益 纫 品 猎 法
游 术 十 法 魔 八 纫 十 舞 缝 技 魔 营 利 钓 益
拼 利 七 十 棒 暇 五 拳 进 松 狩 织 营 露 十 放
十 四 狩 露 品 狩 棒 利 工 制 艺 击 棒 四 八 绘
十 艺 缝 瓷 钓 潜 棒 潜 露 能 绘 织 摄 猎 鱼 潜
三 拳 术 猎 动 露 跳 技 缝 工 放 动 利 拳 陶 篮

十进制 十四
十六 十五
十七 十三
十八 二十
十二

21 - Física

```
品 钓 营 足 游 艺 狩 读 营 重 力 游 击 鱼 影 暇
棒 潜 击 足 露 针 狩 艺 术 公 式 读 趣 阅 篮 足
钓 纫 活 艺 园 法 拳 术 陶 远 棒 力 学 分 艺 益
品 足 园 狩 能 魔 跳 术 拳 放 相 乐 跳 子 图 图
活 狩 远 阅 绘 普 舞 引 活 魔 鱼 对 鱼 磁 技 拳
陶 法 潜 棒 乐 针 遍 擎 球 活 跳 纫 论 性 绘 足
纫 舞 放 织 戏 露 猎 的 拳 乐 技 拳 法 松 核 乐
足 频 拳 利 拼 陶 营 学 混 绘 棒 利 趣 术 露 跳
瓷 品 率 戏 拼 魔 舞 化 乱 击 足 针 法 舞 阅 阅
术 术 远 游 摄 织 钓 拳 技 击 瓷 密 影 园 读 阅
暇 纫 球 缝 暇 影 营 拳 量 舞 气 度 速 露 读 篮
缝 读 潜 暇 术 织 远 跳 图 画 艺 体 速 绘 利 篮
陶 加 速 度 电 露 狩 拳 活 暇 远 品 潜 足 足 露
潜 鱼 趣 舞 子 原 狩 拳 能 松 足 戏 工 暇 读 狩
技 戏 工 足 粒 趣 营 跳 园 能 艺 足 术 园 鱼 篮
影 放 针 工 篮 织 趣 法 暇 跳 舞 跳 乐 画 纫 篮
```

加速度
原子
混乱
密度
电子
公式
频率
气体
重力
磁性

质量
力学
分子
引擎
粒子
化学的
相对论
普遍的
速度

22 - Especiarias

纫	动	趣	纫	瓷	松	活	松	魔	读	针	能	阅	园	松	益
舞	摄	洋	葱	球	鱼	园	益	园	术	品	织	术	拼	足	趣
鱼	钓	缝	图	阅	姜	趣	球	猎	钓	潜	远	魔	术	能	绘
缝	藏	红	花	陶	鱼	营	猎	味	道	舞	品	园	工	瓷	猎
读	酸	松	趣	趣	孜	然	棒	远	益	术	织	钓	露	活	影
工	的	蜜	甜	魔	技	狩	球	篮	缝	针	远	猎	狩	乐	
影	拳	益	盐	陶	球	拼	画	远	丁	球	艺	放	豆	摄	瓷
肉	桂	潜	陶	胡	椒	潜	猎	菜	香	远	读	香	蔻	豆	肉
陶	趣	拳	术	猎	缝	猎	跳	远	纫	游	针	鱼	草	游	游
阅	织	益	猎	园	猎	针	戏	舞	狩	营	缝	纫	甘	篮	阅
摄	营	活	拼	戏	击	拼	营	露	戏	法	织	鱼	魔	咖	喱
趣	图	暇	园	技	游	影	绘	潜	活	足	趣	狩	读	魔	园
活	摄	鱼	乐	钓	舞	针	摄	潜	园	露	利	猎	陶	潜	球
跳	松	画	图	摄	织	茴	潜	趣	陶	动	营	大	缝	蒜	园
趣	摄	篮	画	读	戏	篮	香	钓	乐	游	针	鱼	球	远	法
钓	舞	苦	艺	球	钓	针	针	摄	品	纫	读	法	影	摄	法

藏红花   香菜
甘草   孜然
大蒜   丁香
酸的   甜蜜的
香草   茴香
肉桂   肉豆蔻
豆蔻   胡椒
咖喱   味道
洋葱

23 - Países #1

益 钓 工 益 露 巴 西 露 篮 狩 营 趣 印 度 戏 园
棒 钓 狩 拉 益 活 棒 画 织 工 魔 潜 缝 松 棒 影
活 戏 图 瑞 趣 狩 拼 趣 鱼 篮 影 品 拼 击 摄 术
戏 工 塞 内 加 尔 钓 益 趣 狩 法 瓷 波 兰 芬 法
技 游 钓 委 读 球 钓 远 拼 艺 益 球 营 狩 活 篮
尼 乐 钓 潜 柬 埔 寨 益 技 能 巴 以 钓 影 棒 游
钓 加 术 画 远 鱼 鱼 织 西 里 拿 跳 色 艺 纫 陶
益 克 拉 伊 球 远 阅 游 班 暇 马 魔 绘 列 拼 缝
挪 尔 多 瓜 厄 德 国 球 牙 瓷 园 纫 利 猎 瓷 游
威 图 摄 拼 足 织 拼 足 松 埃 及 足 球 品 益 棒
钓 舞 能 跳 远 趣 阅 绘 足 阅 露 舞 织 远 松 游
法 能 能 狩 球 织 舞 利 陶 针 趣 足 艺 影 松 狩
鱼 棒 图 球 织 影 陶 读 猎 读 远 棒 影 艺 潜 足
摄 魔 技 露 远 营 潜 放 潜 益 瓷 术 潜 足 露 舞
陶 图 击 画 趣 术 摩 洛 哥 意 大 利 纫 篮 松 工
击 品 工 远 加 拿 大 缝 篮 针 园 松 潜 远 画 露

德国　　　　　　意大利
巴西　　　　　　印度
柬埔寨　　　　　马里
加拿大　　　　　摩洛哥
埃及　　　　　　尼加拉瓜
厄瓜多尔　　　　挪威
西班牙　　　　　巴拿马
芬兰　　　　　　波兰
伊拉克　　　　　塞内加尔
以色列　　　　　委内瑞拉

24 - A Mídia

法	本	影	技	纫	利	读	瓷	远	舞	营	摄	乐	纫	品	猎
舞	暇	地	图	足	陶	缝	摄	击	放	篮	击	瓷	意	法
足	魔	针	跳	营	读	网	态	猎	暇	狩	钓	网	见	露
读	知	识	分	子	纫	络	陶	魔	露	图	读	击	上	工	远
猎	钓	动	影	钓	拳	趣	陶	织	织	放	活	缝	术	绘	工
针	读	针	潜	阅	瓷	针	园	足	潜	照	版	暇	织	图	趣
舞	潜	潜	跳	拳	戏	益	画	能	缝	片	放	利	棒	工	业
松	戏	读	活	舞	拳	篮	鱼	活	法	数	艺	影	游	松	阅
游	钓	针	报	纸	图	像	教	育	跳	字	沟	猎	技	游	放
动	影	球	游	图	棒	棒	趣	钓	园	个	人	通	钓	图	动
乐	潜	游	魔	放	利	舞	织	技	摄	图	法	读	园	影	足
画	活	营	暇	法	阅	电	利	戏	图	鱼	狩	瓷	棒	球	园
露	营	图	乐	鱼	品	视	拼	趣	益	营	戏	跳	活	钓	读
拳	画	游	园	拼	戏	艺	舞	暇	篮	摄	击	纫	暇	事	露
收	音	机	陶	画	篮	游	趣	织	资	露	拼	狩	品	棒	实
狩	趣	益	鱼	魔	猎	营	拳	园	金	缝	能	摄	钓	动	棒

态度		工业	
沟通		知识分子	
数字		报纸	
教育		本地	
事实		网上	
资金		意见	
照片		收音机	
图像		网络	
个人		电视	

25 - Casa

陶 乐 品 艺 术 跳 扫 帚 拳 法 园 帘 露 狩 舞 球
鱼 拼 潜 利 陶 跳 术 法 益 足 能 松 窗 户 品 趣
钓 法 露 图 纫 瓷 舞 跳 击 棒 游 绘 龙 技 术 暇
拼 利 纫 织 法 钓 棒 远 趣 营 钓 跳 陶 头 趣 戏
远 狩 阅 绘 读 房 厨 潜 天 鱼 狩 陶 阅 露 远 阅
陶 工 法 足 潜 间 露 松 花 拳 露 园 乐 利 暇 舞
门 利 乐 画 篮 工 绘 图 板 画 球 能 戏 艺 远 利
动 钓 狩 技 跳 跳 钓 魔 栅 绘 棒 跳 动 棒 画 游
淋 营 营 工 猎 松 地 能 栏 放 活 品 花 图 画 暇
活 浴 法 钓 图 营 毯 镜 能 绘 足 球 花 书 纫 篮
纫 舞 工 潜 棒 陶 图 子 放 瓷 拼 足 园 馆 能 松
艺 放 墙 读 画 戏 钓 舞 鱼 图 品 戏 书 技 远 织
阁 暇 法 益 织 车 工 游 图 品 阅 戏 术 益 织
楼 钥 工 家 技 库 拼 钓 鱼 缝 拳 拼 缝 乐 技 球
读 绘 魔 具 击 戏 壁 炉 猎 球 瓷 技 远 篮 球
阅 魔 鱼 暇 篮 乐 乐 棒 缝 缝 术 魔 暇 球 拳

图书馆   花园
栅栏   壁炉
钥匙   家具
淋浴   房间
窗帘   阁楼
厨房   地毯
镜子   天花板
车库   龙头
窗户   扫帚

26 - Vegetais

```
图 术 露 纫 园 陶 放 跳 豌 足 击 棒 艺 拳 露 放
拼 芜 菁 拼 瓷 术 篮 法 读 豆 跳 画 足 击 篮 南 瓜
松 益 艺 拳 图 营 技 舞 舞 针 鱼 猎 艺 沙 针 黄
朝 鲜 蓟 暇 术 拼 摄 缝 益 动 拳 洋 葱 露 拉 潜 松 魔
绘 益 陶 棒 暇 大 蒜 击 拼 暇 针 葱 足 品 暇 能 缝
跳 动 舞 土 陶 工 技 绘 钓 益 阅 读 暇 动 拳 读
击 画 绘 球 豆 技 狩 影 魔 影 品 远 鱼 法 工 球
露 击 织 阅 图 茄 子 趣 猎 图 戏 跳 猎 纫 魔 摄 益
足 利 针 瓷 艺 番 魔 术 纫 鱼 品 利 画 魔 工 瓷
缝 摄 动 游 拼 放 活 远 品 术 画 棒 鱼 读 潜
绘 暇 缝 姜 鱼 放 术 工 狩 针 球 鱼 阅 园 园 阅
艺 缝 松 暇 摄 狩 绘 暇 露 摄 猎 工 戏 篮 放
绘 法 读 能 陶 阅 足 品 芹 菜 菠 篮 针 趣 技 菇
西 益 露 阅 活 露 读 缝 瓷 香 放 工 露 活 潜 图
兰 拼 足 读 跳 陶 魔 篮 图 品 画 针 活 益 蘑 瓷
花 针 影 画 工 胡 萝 卜 萝 阅 阅 松 影 绘 图
```

南瓜
芹菜
朝鲜蓟
大蒜
土豆
茄子
西兰花
洋葱
胡萝卜

蘑菇
豌豆
菠菜
芜菁
黄瓜
萝卜
沙拉
香菜
番茄

27 - Balé

艺	法	拼	狩	鱼	球	富	有	表	现	力	营	游	棒	艺	动
瓷	篮	读	狩	技	动	园	绘	实	践	节	奏	纫	拳	棒	乐
魔	松	放	球	作	暇	远	潜	钓	暇	绘	能	术	远	潜	者
读	猎	球	松	曲	猎	棒	潜	织	击	利	技	风	格	编	舞
强	度	瓷	跳	家	艺	松	技	狩	读	画	游	棒	品	影	暇
掌	声	活	画	篮	棒	术	球	法	绘	陶	术	动	能	园	球
趣	动	画	活	趣	动	纫	的	足	陶	猎	艺	手	势	钓	利
瓷	技	游	影	益	技	工	球	肌	棒	舞	针	潜	营	拳	利
技	术	园	击	管	营	远	针	肉	球	读	图	潜	游	鱼	工
缝	艺	球	跳	缝	弦	拼	魔	益	阅	技	鱼	摄	活	跳	活
放	技	工	活	观	画	乐	陶	猎	动	工	园	纫	松	暇	猎
工	独	游	足	众	跳	图	队	远	松	潜	活	趣	音	乐	园
绘	魔	奏	阅	暇	阅	织	园	游	棒	技	击	术	术	鱼	拼
露	利	瓷	缝	棒	击	球	活	动	画	能	绘	球	利	远	能
鱼	松	纫	织	图	活	画	拼	法	利	技	暇	暇	摄	益	鱼
猎	瓷	法	趣	球	趣	跳	瓷	图	利	绘	暇	工	篮	纫	营

掌声
艺术的
作曲家
编舞
舞者
风格
富有表现力
手势
技能

强度
肌肉
音乐
管弦乐队
实践
观众
节奏
独奏
技术

28 - Adjetivos #1

鱼	技	击	戏	园	棒	戏	技	黑	拳	篮	织	球	趣	巨	益
技	技	乐	摄	缝	技	活	篮	暗	阅	读	艺	松	瓷	大	钓
松	拳	趣	远	艺	法	针	趣	猎	露	击	能	足	能	的	术
纫	纫	舞	跳	术	戏	潜	击	能	营	趣	图	拼	猎	远	瓷
鱼	艺	绘	缝	的	营	严	露	潜	游	艺	猎	跳	松	芳	香
益	松	趣	放	值	益	重	击	重	艺	瓷	球	法	击	织	瓷
慷	鱼	篮	术	价	活	的	要	重	趣	能	露	远	戏	纫	技
慨	戏	绘	缝	有	纫	诚	纫	神	法	露	纫	瓷	钓	绘	大
营	益	棒	鱼	完	图	实	鱼	舞	秘	舞	读	跳	营	图	纫
瓷	瓷	鱼	魔	法	美	工	针	艺	击	纫	织	棒	跳	远	戏
狩	织	艺	狩	术	阅	术	针	瓷	猎	品	纫	瓷	营	陶	趣
舞	术	击	阅	阅	相	游	慢	绘	游	击	缝	猎	瓷	现	影
益	狩	魔	篮	球	技	同	鱼	动	图	纫	瓷	鱼	拼	代	艺
工	狩	园	远	营	术	艺	鱼	活	吸	舞	乐	异	国	情	调
摄	薄	陶	篮	术	猎	陶	远	松	引	技	图	动	绝	趣	术
舞	鱼	技	乐	魔	营	术	针	动	力	工	益	球	对	趣	针

绝对	诚实
芳香	相同
艺术的	重要的
吸引力	神秘
巨大的	现代
黑暗	完美
异国情调	严重的
慷慨	有价值的

29 - Insetos

击	阅	术	蚜	潜	足	钓	篮	乐	棒	钓	暇	魔	魔	拳	园
针	暇	缝	游	乐	拳	缝	利	绘	远	园	蚊	子	蠕	螳	螂
蝴	蝶	园	钓	读	球	技	潜	瓷	篮	品	品	术	虫	缝	技
影	蛾	松	织	摄	影	舞	绘	营	绘	针	击	趣	远	鱼	瓷
蜻	舞	品	戏	远	趣	露	篮	图	球	击	猎	暇	猎	摄	松
蜓	工	画	阅	击	趣	术	织	舞	缝	足	松	钓	放	缝	放
鱼	魔	放	活	阅	潜	棒	绘	工	松	图	营	蜜	画	影	钓
阅	品	织	松	园	利	拳	狩	影	钓	读	击	蜂	暇	击	棒
纫	品	球	艺	阅	棒	放	猎	棒	松	鱼	活	画	跳	拳	纫
球	摄	画	乐	影	松	潜	织	足	园	工	工	松	击	动	猎
画	钓	击	法	艺	益	棒	远	拳	松	摄	活	露	猎	蚱	狩
跳	瓢	虫	趣	益	技	狩	球	黄	足	戏	露	品	益	缝	蜢
利	松	幼	乐	乐	球	放	术	蜂	益	足	钓	跳	利	趣	织
阅	鱼	拼	技	品	击	益	拳	篮	拳	织	远	蚤	工	趣	织
钓	拳	球	足	阅	趣	蟑	织	画	远	艺	拼	鱼	品	蚂	击
蝉	动	拳	钓	松	狩	拼	螂	拼	甲	虫	图	针	棒	蚁	白

蜜蜂   幼虫
蟑螂   蜻蜓
甲虫   螳螂
蝴蝶   蠕虫
白蚁   蚊子
蚂蚁   跳蚤
蚱蜢   黄蜂
瓢虫

30 - Psicologia

工 活 法 拼 针 动 感 钓 纫 动 评 技 个 治 松 针
魔 读 鱼 远 术 品 觉 舞 艺 远 松 估 性 疗 园 品
工 猎 技 术 棒 猎 影 针 戏 术 远 能 缝 趣 品 棒
动 术 狩 暇 远 缝 球 球 拳 法 缝 篮 魔 纫 读 足
阅 经 验 狩 绘 露 舞 足 篮 趣 钓 园 品 乐 猎 猎
绘 舞 潜 远 工 梦 想 织 猎 纫 技 远 暇 球 篮 狩
摄 拼 童 拳 织 艺 击 艺 利 陶 工 图 拼 篮 阅 鱼
动 乐 戏 年 魔 绘 潜 画 拳 品 图 游 击 棒 法 钓
画 戏 益 画 露 画 狩 图 织 利 钓 工 瓷 术 趣 针
法 拼 画 纫 图 跳 猎 影 狩 狩 动 读 松 松 棒 活
游 行 棒 潜 意 识 自 响 现 实 术 绘 猎 鱼 狩 拼
图 为 趣 拳 纫 意 我 瓷 远 术 针 营 法 鱼 感 知
放 戏 远 读 法 无 认 识 狩 棒 露 跳 动 能 摄 球
临 摄 利 问 题 击 钓 鱼 狩 鱼 跳 法 活 术 艺 读
狩 床 戏 露 情 绪 冲 突 魔 画 趣 鱼 法 艺 阅 拳
品 远 跳 暇 舞 跳 乐 能 露 露 钓 图 足 乐 舞 松

评估	影响
临床	感知
认识	个性
行为	问题
冲突	现实
自我	感觉
情绪	梦想
经验	潜意识
无意识	治疗
童年	

31 - Paisagens

纫技鱼术图园营画滩海击活阅利足球
暇球远棒猎游猎河口洋松钓能放潜图
沙漠跳暇绘戏陶跳乐利影湖湾猎影足
猎法狩织趣山冰法乐针影品海绘拳露
潜拼远露摄火谷利瓷图影棒营益阅乐
舞阅魔术法阅法潜放活园摄远瓷绘陶
活篮影鱼陶魔戏狩动击暇拼缝乐苔园
露篮棒利读陶戏动冰钓法潜篮远原放
活陶潜艺法术河绿川工纫织绘阅益工
能绘钓术舞瓷阅鱼洲趣益阅纫潜读球
猎读陶摄拳乐动棒暇魔鱼松品钓针足
瀑布阅戏击益织潜拼缝纫影暇足趣戏
远法艺舞利放针瓷织魔技拼洞放足拳
足绘动舞陶潜法动戏针利营穴园松足
艺拼钓跳品读影拳技沼泽阅山棒影岛
技针摄缝鱼园技织营针艺画园纫魔半

瀑布　　　　　海洋
洞穴　　　　　沼泽
沙漠　　　　　半岛
河口　　　　　海滩
冰川　　　　　苔原
海湾　　　　　山谷
冰山　　　　　火山
绿洲

32 - Dança

阅	影	节	奏	园	游	狩	棒	舞	织	篮	富	露	术	拼	趣
读	画	术	针	球	缝	潜	术	摄	画	跳	纫	有	瓷	优	足
快	动	魔	松	拳	益	篮	陶	动	钓	篮	拼	营	表	雅	文
乐	利	露	戏	纫	足	魔	画	艺	陶	动	活	针	现	化	力
读	针	图	舞	古	典	瓷	音	动	艺	活	术	图	阅	艺	术
击	影	拳	摄	乐	魔	趣	乐	跳	狩	放	学	猎	击	技	瓷
露	鱼	露	钓	击	图	拳	暇	影	阅	暇	院	猎	陶	击	球
棒	品	篮	利	品	摄	瓷	狩	棒	魔	绘	露	摄	伙	织	品
钓	图	击	艺	术	击	游	跳	身	远	篮	舞	陶	伴	术	球
织	舞	缝	猎	松	活	针	陶	画	体	工	运	篮	球	球	读
影	利	乐	足	陶	乐	益	织	缝	利	拼	动	鱼	拳	乐	工
营	鱼	狩	活	棒	潜	品	足	鱼	跳	乐	姿	势	图	缝	工
工	能	舞	活	纫	拼	松	阅	画	织	露	益	营	猎	品	织
艺	能	瓷	阅	活	园	放	篮	击	品	益	营	猎	鱼	拳	狩
图	情	感	编	舞	缝	足	趣	绘	针	统	钓	陶	鱼	能	球
图	鱼	绘	能	绘	织	画	工	动	松	的	觉	视	能	球	瓷

学院
快乐
艺术
古典
编舞
身体
文化
情感
富有表现力

优雅
运动
音乐
伙伴
姿势
节奏
传统的
视觉的

33 - Nutrição

纫	拳	趣	工	戏	织	拼	影	读	魔	平	纫	活	棒	篮	影
针	影	钓	钓	艺	游	足	趣	暇	瓷	松	衡	动	趣	舞	品
重	量	益	益	缝	绘	魔	陶	猎	拳	足	针	的	趣	酱	活
鱼	远	法	织	益	远	猎	击	技	戏	游	活	织	织	戏	艺
动	消	化	法	味	针	动	猎	画	陶	狩	钓	养	分	部	远
益	法	营	拼	道	术	松	苦	魔	陶	远	击	乐	液	远
图	游	钓	足	工	艺	松	陶	动	纫	钓	篮	技	活	体	乐
影	图	钓	艺	钓	陶	棒	健	康	毒	碳	水	化	合	物	能
球	品	利	暇	魔	钓	食	欲	狩	击	素	跳	猎	跳	放	放
品	钓	拳	舞	针	质	量	鱼	猎	发	生	读	技	放	露	松
术	乐	利	陶	技	白	卡	路	里	酵	维	利	钓	纫	利	远
品	读	拼	游	术	蛋	拼	饮	食	食	技	露	法	趣	游	术
针	织	戏	篮	松	能	魔	工	营	益	用	狩	读	乐	摄	拳
术	狩	潜	拳	篮	足	技	露	钓	绘	跳	猎	读	棒	缝	舞
利	暇	活	跳	拳	缝	棒	乐	猎	戏	游	鱼	放	足	篮	乐
游	阅	击	图	法	图	远	魔	影	利	营	狩	摄	织	缝	鱼

食欲	养分
卡路里	重量
碳水化合物	部分
食用	蛋白质
饮食	质量
消化	味道
平衡的	健康
发酵	毒素
液体	维生素

34 - Energia

松 图 针 钓 利 乐 绘 阅 技 舞 活 热 画 绘 动 益
污 染 陶 园 工 游 篮 露 魔 戏 纫 工 园 绘 马 针
工 鱼 图 鱼 拳 术 技 技 工 氢 足 织 棒 能 达 活
益 猎 绘 潜 法 击 法 品 业 营 潜 阅 足 阅 术 游
猎 汽 乐 陶 瓷 营 陶 画 画 魔 光 子 影 图 戏 跳
影 油 放 能 鱼 益 画 影 工 松 技 摄 远 动 戏 露
鱼 柴 击 棒 鱼 潜 影 益 读 技 松 球 能 纫 动
钓 篮 子 戏 远 画 远 艺 阅 狩 缝 松 趣 纫 魔
松 露 电 纫 环 魔 园 针 法 篮 缝 鱼 艺 品 动 织
织 趣 池 碳 活 松 园 阅 棒 狩 图 趣 燃 读 瓷
法 拳 织 读 利 松 球 术 影 拼 露 图 料 阅 远 暇
暇 远 画 摄 图 猎 涡 轮 动 阅 风 瓷 游 核 远 拳
舞 技 阅 足 陶 缝 舞 活 戏 图 潜 游 松 暇 技 工
影 针 篮 棒 太 益 纫 舞 游 再 生 球 击 钓 猎 利
拼 图 钓 画 阳 技 阅 动 陶 织 潜 远 针 利 暇 绘
拼 乐 针 活 艺 营 法 远 术 电 营 熵 绘 戏 放 钓

环境   工业
电池   马达
燃料   污染
柴油   再生
电子   太阳
光子   涡轮
汽油

35 - Disciplinas Científicas

狩	益	生	园	纫	益	社	会	学	理	生	热	潜	技	放	图
影	技	态	远	织	艺	品	足	质	理	露	力	放	织	趣	拼
阅	钓	学	缝	摄	活	活	乐	地	心	学	动	运	暇	游
利	免	品	画	远	乐	狩	击	针	纫	针	物	纫	乐	能	园
阅	疫	化	学	剖	解	乐	钓	猎	摄	益	生	营	戏	松	拳
拼	学	考	言	跳	魔	钓	益	潜	跳	术	跳	远	利	艺	球
植	纫	古	语	绘	潜	营	园	拼	舞	能	陶	动	物	学	猎
织	物	学	经	神	棒	猎	缝	鱼	戏	营	舞	生	工	利	影
趣	益	学	能	放	动	纫	鱼	拳	益	天	魔	球	物	绘	阅
利	技	影	足	矿	松	影	绘	瓷	画	文	纫	露	足	化	露
跳	篮	画	工	物	瓷	戏	放	戏	艺	学	工	工	园	游	学
能	击	棒	趣	学	术	绘	足	拼	狩	益	图	阅	针	魔	术
魔	陶	乐	纫	利	潜	影	园	猎	戏	猎	乐	缝	利	鱼	阅
暇	动	暇	松	摄	舞	球	篮	暇	潜	狩	纫	魔	术	益	拼
松	棒	缝	营	暇	远	球	戏	钓	趣	暇	狩	暇	篮	绘	鱼
工	阅	跳	拼	拳	放	游	戏	气	象	学	品	图	园	利	影

解剖学	免疫学
考古学	语言学
天文学	气象学
生物学	矿物学
生物化学	神经学
植物学	心理学
运动学	化学
生态学	社会学
生理学	热力学
地质学	动物学

36 - Meditação

习 大 跳 趣 法 心 理 猎 球 放 益 阅 幸 福 图 舞
运 惯 自 拳 绘 术 画 绘 狩 露 阅 法 缝 图 缝 钓
动 击 乐 然 阅 远 织 阅 动 动 击 乐 放 击 情 绪
跳 鱼 露 缝 戏 拼 阅 球 艺 狩 魔 篮 戏 暇 读 瓷
钓 拳 技 织 利 益 画 放 狩 益 拳 潜 趣 品 潜 球
工 摄 足 瓷 潜 球 鱼 工 舞 营 摄 工 缝 露 击
潜 呼 吸 醒 篮 纫 动 接 受 戏 画 放 拼 园 摄
能 阅 阅 鱼 击 猎 摄 图 感 艺 影 瓷 园 图 阅
善 暇 法 狩 潜 影 益 狩 击 激 透 潜 平 读 狩 拳
良 音 乐 能 动 摄 针 图 远 猎 视 静 利 游 影
陶 跳 法 潜 狩 猎 沉 技 魔 远 陶 缝 动 猎 图
图 品 暇 读 读 法 影 默 姿 势 针 暇 观 察 拳 趣
绘 艺 利 潜 园 园 钓 球 明 游 缝 陶 益 活 工 影
棒 能 乐 动 露 潜 舞 放 晰 活 艺 球 拼 绘 陶 织
放 露 露 阅 同 戏 钓 利 魔 和 平 活 缝 画 瓷 工
球 摄 读 织 情 影 瓷 乐 放 纫 针 棒 趣 远 利 猎

接受 善良 平静 明晰 同情 情绪 幸福 感激 习惯 心理

运动 音乐 大自然 观察 和平 透视 姿势 呼吸 沉默

37 - Artes Visuais

露	画	织	松	艺	影	潜	工	狩	图	雕	针	活	能	能	拳
拳	游	棒	跳	游	魔	艺	动	画	利	远	塑	艺	影	技	球
跳	品	摄	影	球	棒	击	钓	利	瓷	瓷	狩	陶	器	球	露
鱼	针	跳	术	狩	益	露	趣	绘	利	拳	棒	绘	棒	狩	技
针	猎	园	织	暇	游	利	鱼	拳	营	潜	露	暇	陶	品	艺
钓	潜	远	拳	艺	戏	鱼	猎	能	粉	笔	绘	乐	品	趣	动
远	营	能	画	趣	电	粘	读	露	画	架	针	绘	击	动	拳
篮	戏	益	活	艺	影	土	蜡	针	钓	绘	铅	纫	趣	绘	画
利	看	拼	品	工	篮	乐	篮	趣	鱼	画	笔	摄	球	读	球
跳	法	球	针	针	杰	陶	缝	益	足	篮	舞	足	拳	拳	技
猎	品	篮	能	狩	作	缝	魔	针	球	织	摄	工	技	影	照
远	缝	足	动	绘	法	技	鱼	活	缝	阅	肖	像	术	工	片
舞	暇	织	建	技	创	跳	击	缝	绘	暇	园	放	绘	拳	猎
读	活	击	术	筑	造	艺	拳	纫	动	工	能	工	园	木	炭
利	益	活	艺	艺	力	术	艺	工	笔	暇	拼	戏	击	益	趣
猎	品	露	营	能	暇	家	模	具	摄	织	摄	工	陶	钓	露

粘土	电影
建筑	照片
艺术家	粉笔
木炭	铅笔
画架	杰作
陶器	看法
创造力	绘画
雕塑	肖像
模具	

38 - Instrumentos Musicais

单	鱼	击	游	趣	棒	品	放	球	阅	缝	画	技	曼	钓	打
艺	簧	读	活	跳	球	双	园	鼓	铃	钢	琴	营	陀	摄	击
松	陶	管	松	巴	图	簧	鱼	跳	针	游	卓	提	林	绘	乐
足	鱼	斯	远	拳	拼	管	棒	长	活	瓷	班	园	小	活	器
魔	纫	克	露	放	跳	篮	长	号	狩	术	陶	舞	拳	击	放
猎	猎	萨	能	织	棒	画	利	笛	阅	阅	暇	足	足	绘	钓
棒	画	鱼	读	棒	术	棒	纫	游	绘	活	球	放	术	园	狩
露	影	猎	魔	拳	画	纫	利	工	法	球	大	提	琴	园	纫
远	图	利	趣	阅	暇	园	能	暇	营	陶	能	摄	瓷	戏	针
击	技	法	利	足	益	放	拳	动	戏	园	放	技	摄	足	击
摄	潜	拳	术	影	鱼	露	狩	马	林	巴	潜	法	画	绘	园
趣	足	针	魔	竖	琴	拳	口	艺	阅	猎	球	针	棒	锣	拳
针	影	益	品	画	活	棒	琴	阅	工	游	摄	品	益	能	读
松	艺	利	技	术	跳	趣	猎	篮	能	钓	术	针	喇	叭	乐
摄	图	绘	露	篮	艺	乐	影	跳	益	魔	拼	技	品	猎	松
戏	陶	瓷	益	篮	钓	暇	乐	吉	他	动	放	纫	钓	魔	远

曼陀林	铃鼓
班卓琴	打击乐器
单簧管	钢琴
巴松管	萨克斯管
长笛	长号
口琴	喇叭
竖琴	吉他
马林巴	小提琴
双簧管	大提琴

39 - Adjetivos #2

陶	读	篮	绘	游	纯	游	球	益	瓷	乐	术	摄	绘	纫	球
读	陶	鱼	工	露	足	术	暇	绘	魔	瓷	法	足	园	工	强
阅	技	陶	骄	潜	瓷	织	读	瓷	乐	工	魔	优	雅	荒	跳
工	戏	棒	傲	远	击	篮	舞	击	动	狩	拼	陶	织	舞	野
生	有	趣	鱼	猎	动	品	放	画	瓷	击	篮	健	露	暇	画
图	产	针	活	击	乐	法	艺	放	舞	趣	康	咸	跳	工
摄	艺	力	足	瓷	足	艺	活	魔	棒	钓	远	陶	针	猎	拳
营	艺	足	能	能	利	放	拳	露	读	图	画	园	织	动
读	能	动	艺	益	松	术	画	棒	暇	纫	钓	拼	干	棒
品	影	画	陶	影	能	纫	正	远	阅	猎	猎	露	影	织
益	舞	益	跳	影	钓	天	常	利	钓	正	法	戏	游	缝	击
狩	足	创	益	法	游	才	艺	画	营	潜	宗	舞	术	品	篮
魔	远	意	纫	新	动	狩	技	击	利	露	能	猎	动	负	营
描	述	性	的	的	拼	放	猎	露	纫	远	营	能	击	责	狩
球	能	瓷	棒	露	自	然	利	针	潜	绘	活	热	拼	阅	陶
利	暇	球	针	技	绘	著	名	的	园	魔	露	魔	舞	暇	技

正宗　　　　　　　正常
创意　　　　　　　新的
描述性的　　　　　骄傲
天才　　　　　　　生产力
优雅　　　　　　　负责
著名的　　　　　　健康
有趣　　　　　　　荒野
自然

40 - Roupas

园	益	绘	陶	动	钓	项	工	影	放	活	袜	毛	衣	棒	击
动	法	拳	图	足	乐	链	读	篮	营	镯	手	子	衬	魔	猎
织	松	拼	跳	钓	放	魔	狩	拼	动	术	套	帽	衫	瓷	纫
品	纫	乐	棒	术	陶	潜	猎	绘	摄	击	外	瓷	图	游	艺
影	摄	针	益	缝	动	陶	远	狩	露	棒	术	鱼	乐	钓	拳
艺	利	牛	仔	裤	艺	法	绘	潜	能	露	潜	法	潜	球	跳
阅	带	夹	克	营	绘	睡	衣	连	衣	裙	织	足	松	营	画
针	园	松	时	尚	营	暇	鱼	能	潜	钓	放	放	远	乐	纫
图	法	放	影	影	放	猎	针	游	露	品	艺	趣	击	足	猎
棒	术	艺	狩	阅	瓷	狩	针	营	读	潜	营	放	松	鱼	摄
裤	子	绘	棒	狩	活	读	放	艺	园	跳	活	动	读	棒	足
摄	术	趣	技	术	棒	品	游	瓷	摄	品	戏	法	术	放	园
图	魔	缝	摄	摄	松	鞋	摄	远	拼	工	阅	短	能	品	阅
营	趣	画	读	艺	瓷	益	凉	篮	棒	足	益	裙	游	缝	缝
能	针	舞	戏	绘	术	园	法	篮	园	放	围	裙	技	戏	园
品	放	跳	远	陶	利	法	魔	读	纫	围	巾	读	乐	术	松

围裙	手套
裤子	袜子
衬衫	时尚
外套	睡衣
帽子	手镯
项链	短裙
夹克	凉鞋
牛仔裤	毛衣
围巾	连衣裙

41 - Herbalismo

园棒活针拼篮纫击放篮针有成茴香绘
花猎法益猎鱼舞术针放球益足分芳味道
阅跳棒术能能香菜影读的暇营跳法摄读
游营活活园艺潜园瓷松利暇鱼拼动利
薰画游陶品潜绘戏鱼缝营拳工工松松
营衣园足品园钓舞绘戏松品鱼拳香阅纫
影品草园动足织利球跳读百里足松针
钓钓舞能跳陶动足品球魔舞足趣猎艺陶
猎纫戏足织狩针松纫陶拼游趣钓阅拼藏
绘织潜植园陶篮潜马品球利钓阅能红
迷图潜物放影法龙郁益质益戏拼花
缝迭益露陶利松蒿兰缝量放营瓷放
术狩香猎阅织大纫工营艺读阅棒活
利图魔露能放蒜活瓷跳工法趣棒画图
艺阅益击摄益纫乐绿色足棒营园
钓图罗勒营远远图读鱼趣篮活营绘图

藏红花	花园
迷迭香	薰衣草
大蒜	罗勒
芳香	马郁兰
有益的	植物
香菜	质量
龙蒿	味道
茴香	百里香
成分	绿色

42 - Arqueologia

```
魔 摄 动 狩 园 拳 绘 针 趣 游 远 寺 戏 潜 织 技
艺 针 游 瓷 活 篮 缝 露 鱼 画 读 狩 庙 猎 陶 狩
缝 游 工 阅 活 织 露 球 鱼 摄 露 游 篮 拳 织 鱼
篮 球 画 露 工 益 专 家 能 法 瓷 读 绘 松 时 缝
摄 团 队 画 品 足 游 暇 营 艺 游 针 狩 陶 法 代
动 法 击 趣 能 瓷 对 象 松 远 研 缝 针 纫 露 鱼
文 明 足 利 摄 摄 戏 球 戏 工 究 趣 活 术 篮 拼
针 利 陶 拼 织 舞 击 影 利 远 员 画 织 术 针 潜
针 纫 工 足 园 活 艺 拼 画 品 针 纫 利 狩 墓
魔 陶 读 跳 趣 狩 鱼 工 击 影 营 趣 篮 营 动 工
化 石 古 利 织 戏 拼 能 未 术 法 影 趣 园 放 法
潜 园 评 代 放 艺 跳 动 知 神 秘 纫 织 读 拼 缝
乐 舞 估 图 品 放 钓 狩 舞 教 授 后 裔 摄 法 绘
放 潜 法 读 法 趣 画 工 绘 足 乐 陶 器 分 析 骨
读 工 拼 术 篮 针 棒 鱼 画 利 读 拼 拼 针 品 头
阅 松 狩 碎 片 遗 迹 游 陶 艺 潜 针 绘 放 乐 针
```

分析
古代
评估
陶器
文明
后裔
未知
团队
时代
专家

化石
碎片
研究员
神秘
对象
骨头
教授
遗迹
寺庙

43 - Esporte

画	利	潜	绘	潜	循	乐	营	利	游	舞	暇	骨	拼	狩	狩
动	舞	耐	能	动	篮	环	养	游	读	棒	松	头	狩	肌	跳
体	育	力	针	织	舞	猎	利	读	跑	步	饮	食	读	动	肉
露	身	图	足	狩	品	跳	瓷	狩	狩	拳	影	瓷	织	法	摄
活	游	艺	绘	能	教	目	标	露	摄	运	动	员	鱼	缝	露
缝	陶	魔	利	动	练	能	暇	松	乐	园	图	图	能	图	能
纫	球	最	足	拳	艺	鱼	读	球	棒	跳	瓷	游	品	术	击
织	益	大	绘	远	跳	狩	摄	拳	足	陶	工	足	技	钓
球	远	化	益	针	舞	图	露	艺	钓	园	趣	缝	露	品	乐
舞	球	摄	园	棒	趣	能	游	艺	魔	园	放	舞	击	健	康
活	能	能	活	棒	棒	图	击	术	图	纫	织	纫	技	钓	瓷
棒	量	力	代	法	远	球	击	读	益	暇	技	针	跳	狩	趣
跳	篮	艺	谢	拳	能	跳	钓	织	乐	棒	艺	织	拼	足	钓
缝	技	营	纫	影	艺	鱼	击	潜	技	钓	钓	画	足	跳	针
阅	园	远	图	放	趣	法	程	趣	活	乐	游	乐	品	益
戏	猎	舞	阅	潜	狩	狩	序	心	血	管	松	暇	篮	拳	品

运动员　　　　　　　　最大化
能力　　　　　　　　　代谢
心血管　　　　　　　　肌肉
循环　　　　　　　　　营养
身体　　　　　　　　　目标
跳舞　　　　　　　　　骨头
饮食　　　　　　　　　程序
体育　　　　　　　　　耐力
力量　　　　　　　　　健康
跑步　　　　　　　　　教练

44 - Agronomia

棒	拳	瓷	法	益	摄	击	艺	松	能	科	图	魔	研	究	足
织	品	乡	乐	农	业	土	壤	球	击	击	学	狩	摄	织	跳
远	侵	村	钓	图	球	戏	跳	阅	益	击	棒	缝	工	技	工
乐	蚀	的	足	益	钓	针	针	暇	针	摄	拳	远	能	利	棒
鱼	戏	放	拳	益	松	松	园	读	拼	图	击	营	利	阅	乐
水	画	远	远	魔	戏	系	乐	法	艺	艺	活	图	术	趣	放
摄	针	松	纫	跳	拼	统	艺	技	图	营	环	足	远	影	放
法	织	猎	营	放	拳	狩	潜	魔	种	子	境	球	影	乐	放
摄	缝	利	疾	病	营	球	趣	击	陶	鱼	跳	鱼	钓	动	暇
放	乐	游	艺	拳	活	植	松	影	拼	乐	影	工	图	狩	摄
篮	术	舞	生	态	学	物	有	绘	篮	绘	动	戏	活	益	拼
乐	拼	戏	戏	工	技	阅	机	生	织	乐	狩	鱼	放	污	趣
影	潜	击	能	工	缝	针	松	产	击	影	魔	园	园	露	染
图	瓷	篮	源	阅	足	游	读	戏	狩	瓷	园	猎	暇	松	益
舞	放	钓	拼	瓷	绘	拳	篮	肥	画	球	魔	绘	趣	蔬	菜
图	动	品	潜	击	陶	艺	摄	绘	料	球	活	潜	动	狩	钓

农业	有机
环境	研究
科学	植物
疾病	污染
生态学	生产
能源	乡村的
侵蚀	种子
肥料	系统
蔬菜	土壤

45 - Frutas

活	影	园	拳	浆	果	能	缝	工	葡	缝	法	钓	远	读	狩
工	篮	篮	拳	放	园	松	桃	樱	萄	放	松	猎	图	跳	拳
露	足	击	绘	益	趣	摄	油	陶	舞	法	露	工	活	术	织
梨	戏	棒	露	钓	动	利	益	游	艺	影	魔	戏	跳	杏	戏
鱼	钓	乐	放	棒	放	缝	技	潜	纫	拼	艺	戏	篮	猎	术
纫	读	益	戏	织	术	足	针	艺	法	影	营	纫	香	篮	球
足	柠	猎	缝	拳	园	益	狩	瓷	工	图	织	球	蕉	钓	绘
棒	檬	工	魔	术	戏	缝	鳄	松	能	球	技	狩	棒	品	影
狩	工	阅	动	猕	猴	桃	露	梨	棒	园	松	暇	击	陶	针
针	影	园	影	活	击	瓷	球	游	利	瓷	跳	魔	木	橙	色
工	艺	魔	暇	击	摄	益	鱼	松	放	潜	击	益	能	瓜	足
钓	瓷	乐	法	缝	技	足	艺	绘	戏	技	猎	松	游	远	拳
椰	子	盆	覆	动	法	魔	球	放	纫	戏	法	芒	果	猎	趣
舞	拼	术	远	乐	画	瓷	放	菠	萝	苹	拼	品	松	摄	猎
图	缝	潜	击	跳	黑	艺	跳	趣	击	针	果	无	花	果	纫
击	针	篮	拳	影	莓	益	技	瓷	艺	工	乐	图	戏	舞	拼

鳄梨
菠萝
黑莓
浆果
香蕉
樱桃
椰子
无花果
覆盆子

猕猴桃
橙色
柠檬
苹果
木瓜
芒果
油桃
葡萄

46 - Corpo Humano

魔	园	织	放	前	画	拼	益	术	棒	工	摄	舞	图	放	技
影	舞	营	影	拼	额	足	舞	趣	缝	足	戏	绘	暇	术	击
远	陶	织	球	缝	趣	魔	乐	放	营	品	纫	篮	乐	摄	舞
影	血	游	棒	动	球	摄	球	能	技	戏	拼	拼	利	游	工
拳	活	球	纫	魔	放	松	击	跳	陶	摄	远	法	魔	绘	戏
动	跳	工	图	游	影	颚	技	营	读	跳	影	手	陶	暇	手
击	技	舞	心	织	拳	钓	纫	动	技	陶	针	能	园	阅	指
篮	远	游	狩	足	戏	活	趣	暇	游	摄	鼻	子	能	足	品
能	营	园	艺	拼	织	舞	鱼	踝	狩	能	摄	脖	游	放	游
跳	陶	拼	技	击	棒	球	读	织	肩	纫	游	纫	暇	远	足
拳	术	陶	棒	脑	乐	膝	品	下	膀	放	头	缝	园	品	技
暇	拼	击	利	缝	营	法	盖	巴	放	针	猎	摄	放	棒	针
耳	朵	游	瓷	影	暇	术	术	潜	棒	球	腿	利	嘴	击	暇
猎	眼	瓷	陶	针	园	狩	拼	艺	利	钓	松	露	动	舞	游
读	睛	术	击	狩	工	皮	肤	舞	针	足	营	艺	戏	针	园
技	肘	部	摄	松	绘	针	戏	图	利	趣	活	营	钓	陶	读

肘部   耳朵
手指   皮肤
膝盖   脖子
鼻子   下巴
眼睛   前额
肩膀

47 - Caminhada

跳 乐 利 拳 松 石 法 纫 乐 潜 趣 乐 纫 绘 露 益
陶 影 游 法 戏 技 头 乐 露 气 悬 瓷 趣 球 活 陶
鱼 狩 法 钓 钓 放 画 危 害 候 崖 阅 缝 纫 纫 艺
益 瓷 暇 猎 活 读 游 暇 纫 暇 松 园 益 拼 图 画
摄 戏 戏 能 法 阅 猎 乐 瓷 利 画 缝 暇 阅 园 缝
织 水 狩 能 读 艺 趣 陶 篮 趣 魔 戏 动 放 摄 舞
纫 绘 营 活 工 暇 法 拳 乐 阅 读 术 物 戏 影 艺
织 活 陶 跳 潜 能 营 技 击 利 篮 跳 足 指 南 舞
动 益 乐 动 棒 摄 动 读 暇 画 纫 鱼 魔 读 工 潜
戏 足 暇 靴 子 松 品 魔 跳 影 狩 放 读 瓷 摄
跳 戏 品 读 影 准 备 戏 陶 技 猎 活 工 放 魔 魔
狩 读 足 重 远 方 向 累 太 阳 图 击 工 摄 阅 摄
露 魔 鱼 荒 野 公 园 营 益 法 能 戏 大 山 露 营
乐 球 猎 法 陶 地 松 工 能 球 针 拳 织 自 趣 利
活 图 品 棒 活 图 利 露 工 针 影 画 摄 图 然 陶
天 气 动 动 利 术 品 技 工 摄 工 能 趣 画 舞 技

露营　　　　　公园
动物　　　　　石头
靴子　　　　　悬崖
气候　　　　　危害
指南　　　　　准备
地图　　　　　荒野
大自然　　　　太阳
方向　　　　　天气

48 - Biologia

足	跳	击	针	露	露	潜	工	园	戏	击	狩	摄	足	放	舞
营	技	动	画	远	法	猎	远	园	乐	钓	拳	猎	松	突	变
光	渗	园	舞	绘	艺	阅	园	利	露	胶	原	陶	陶	织	阅
合	透	元	利	法	织	击	棒	乐	狩	图	魔	能	篮	松	乐
作	神	经	技	纫	自	菌	乐	艺	益	技	露	放	绘	击	松
用	突	神	技	益	然	细	胞	爬	行	动	物	乐	益	缝	动
放	拳	触	陶	乐	瓷	术	能	胚	胎	远	读	摄	摄	阅	鱼
针	游	松	法	棒	暇	松	球	趣	游	益	拳	术	绘	阅	艺
针	活	篮	棒	暇	瓷	染	潜	拼	活	阅	拳	缝	纫	图	钓
针	酶	露	戏	法	魔	色	露	球	激	读	篮	动	瓷	陶	图
拼	拼	钓	园	工	跳	体	解	游	摄	素	拼	哺	纫	松	足
游	瓷	法	进	化	跳	绘	剖	击	陶	击	动	乳	潜	球	摄
活	舞	瓷	绘	游	潜	术	学	狩	活	园	活	动	远	织	乐
拼	影	利	趣	缝	钓	魔	跳	钓	篮	猎	绘	物	猎	露	活
工	趣	共	蛋	白	质	图	放	趣	园	篮	陶	读	园	拼	拳
利	远	生	击	瓷	跳	阅	篮	园	暇	绘	狩	跳	图	营	技

解剖学	突变
细菌	自然
细胞	神经
胶原	神经元
染色体	渗透
胚胎	蛋白质
进化	爬行动物
光合作用	共生
激素	突触
哺乳动物	

49 - Beleza

鱼	舞	活	松	绘	图	缝	缝	暇	化	妆	品	产	潜	放	摄
潜	工	魔	绘	瓷	水	工	露	工	术	游	魔	颜	击	乐	远
游	篮	陶	技	卷	发	上	镜	剪	缝	远	纫	狩	色	拼	松
品	魔	摄	能	工	洗	能	松	刀	松	拼	活	摄	游	跳	图
活	击	击	技	营	潜	阅	造	动	工	钓	利	能	图	拼	舞
益	光	松	乐	针	读	猎	影	型	法	跳	活	动	暇	放	园
乐	滑	放	活	放	猎	纫	纫	狩	师	潜	戏	图	营	工	狩
狩	益	游	艺	瓷	绘	钓	钓	击	纫	针	园	利	针	松	技
魅	力	动	暇	拳	阅	暇	织	利	瓷	戏	能	猎	露	松	远
松	趣	鱼	钓	艺	松	读	棒	猎	服	务	舞	营	利	松	舞
戏	陶	利	狩	摄	品	鱼	跳	工	利	棒	棒	动	品	香	味
镜	子	能	鱼	品	跳	织	趣	口	红	动	纫	睫	毛	膏	营
品	戏	活	陶	艺	瓷	放	趣	陶	图	舞	纫	舞	针	活	织
化	妆	摄	营	摄	法	技	足	游	放	绘	动	工	动	棒	篮
皮	肤	工	品	优	暇	活	钓	陶	摄	营	瓷	陶	狩	松	缝
跳	纫	狩	趣	纫	雅	油	艺	阅	术	画	针	游	钓	技	动

口红	香味
卷发	化妆
魅力	皮肤
颜色	产品
化妆品	睫毛膏
优雅	服务
镜子	光滑
造型师	剪刀
上镜	洗发水

50 - Água

陶	读	画	读	动	飓	狩	动	钓	棒	篮	舞	露	棒	湿	棒
益	放	乐	乐	河	风	猎	鱼	戏	缝	湖	篮	活	雨	度	摄
缝	洪	水	阅	舞	工	击	棒	季	风	陶	乐	园	影	露	营
狩	游	工	击	放	陶	阅	放	球	术	技	利	篮	法	纫	猎
猎	跳	园	缝	绘	艺	鱼	趣	技	陶	篮	动	瓷	灌	溉	运
益	摄	戏	狩	图	鱼	狩	游	游	绘	图	钓	鱼	拼	篮	河
棒	纫	跳	益	陶	阅	鱼	瓷	园	游	魔	钓	动	暇	艺	趣
品	拼	趣	暇	戏	绘	动	鱼	戏	益	瓷	瓷	乐	影	画	园
暇	园	放	动	球	暇	拳	利	波	浪	品	织	击	瓷	品	动
足	松	工	球	法	绘	影	品	趣	足	霜	松	篮	艺	趣	摄
工	暇	图	阅	跳	海	读	阅	读	瓷	放	拼	蒸	汽	读	钓
园	纫	画	球	陶	鱼	洋	营	足	潜	读	陶	活	间	阅	园
趣	利	鱼	击	蒸	发	远	戏	纫	淋	露	潜	戏	歇	利	击
戏	趣	露	活	艺	能	技	狩	能	浴	技	松	术	泉	能	球
摄	雪	鱼	艺	放	影	图	暇	利	露	园	冰	术	松	足	益
利	游	技	戏	暇	瓷	击	益	戏	击	画	钓	跳	远	织	技

运河　　　　　　　灌溉

淋浴　　　　　　　季风

蒸发　　　　　　　海洋

飓风　　　　　　　波浪

间歇泉　　　　　　湿度

洪水　　　　　　　蒸汽

51 - Família

孙	子	妻	术	影	益	鱼	法	艺	魔	丈	夫	放	缝	营	园
活	孩	能	暇	潜	工	拼	缝	棒	趣	乐	品	拼	益	跳	读
猎	摄	棒	画	暇	猎	工	游	猎	足	织	影	舞	魔	鱼	趣
瓷	品	趣	瓷	潜	品	读	园	摄	表	园	跳	绘	能	乐	益
松	技	纫	先	松	球	术	钓	画	哥	球	棒	陶	摄	乐	趣
营	摄	猎	图	祖	活	魔	活	动	园	放	钓	术	猎	击	跳
舞	叔	叔	亲	母	画	利	艺	子	儿	女	童	趣	松	读	游
松	术	摄	读	钓	猎	营	陶	侄	女	猎	年	魔	读	缝	能
能	读	益	读	法	营	绘	露	戏	游	趣	利	阅	远	品	拳
阅	篮	戏	跳	益	兄	弟	钓	姐	趣	产	妇	戏	钓	营	远
阿	足	艺	缝	篮	针	针	益	阅	姐	画	利	暇	击	钓	远
跳	姨	钓	织	影	跳	动	棒	钓	工	狩	父	亲	的	阅	舞
法	工	益	影	陶	活	针	针	父	阅	猎	祖	游	足	纫	篮
游	影	影	法	钓	拳	营	术	亲	织	跳	放	动	钓	游	跳
工	动	利	钓	钓	篮	园	游	拳	远	织	法	松	影	纫	击
工	缝	鱼	放	戏	影	摄	艺	放	艺	拼	拼	钓	能	露	缝

祖先
祖母
祖父
孩子
妻子
女儿
童年
姐姐
兄弟
丈夫

产妇
母亲
孙子
父亲
父亲的
表哥
侄女
侄子
阿姨
叔叔

52 - Férias #2

针	图	照	法	远	酒	技	纫	球	舞	拳	法	趣	缝	读	猎
击	拼	法	片	戏	露	店	舞	猎	海	工	品	露	营	法	舞
击	陶	陶	棒	护	餐	暇	跳	钓	艺	法	利	魔	球	趣	图
足	魔	潜	法	照	厅	岛	签	证	利	猎	瓷	暇	戏	趣	猎
魔	阅	狩	利	潜	露	园	法	假	活	瓷	术	读	纫	园	针
远	利	乐	跳	击	织	海	松	术	期	摄	图	图	猎	出	影
松	艺	瓷	拼	益	阅	滩	狩	运	输	松	技	技	品	租	暇
瓷	击	棒	法	技	旅	乐	图	图	营	营	击	机	织	车	瓷
拼	球	放	技	松	程	阅	戏	趣	阅	松	术	场	活	跳	戏
瓷	拳	拼	暇	摄	针	图	术	魔	术	足	松	营	潜	阅	法
图	品	乐	画	放	缝	乐	篮	营	工	棒	能	猎	跳	动	法
乐	远	画	放	猎	画	狩	活	利	纫	利	棒	暇	活	乐	戏
篮	跳	陶	图	狩	影	法	远	园	放	地	的	目	益	织	画
技	暇	园	技	技	工	放	利	击	工	图	工	纫	影	艺	拳
帐	狩	放	针	营	魔	摄	球	跳	瓷	足	艺	动	缝	鱼	益
篷	趣	工	球	针	摄	外	国	人	远	瓷	露	拼	术	术	术

露营　　　　　护照
机场　　　　　海滩
目的地　　　　餐厅
外国人　　　　出租车
假期　　　　　帐篷
照片　　　　　运输
酒店　　　　　旅程
地图　　　　　签证

53 - Edifícios

营	乐	游	瓷	跳	天	营	画	园	织	棒	术	技	足	术	阅
魔	法	露	狩	狩	文	球	读	工	纫	陶	趣	猎	营	营	术
织	纫	乐	工	能	台	学	校	钓	农	场	市	级	超	击	狩
舞	潜	钓	品	城	拳	大	艺	露	博	乐	图	酒	店	能	绘
车	库	鱼	暇	纫	堡	阅	钓	园	足	物	魔	织	活	法	拼
暇	钓	影	利	营	舞	舞	动	暇	剧	法	馆	品	能	狩	工
读	松	击	放	针	击	帐	法	法	院	技	狩	拼	陶	猎	纫
暇	阅	魔	足	拼	园	篷	放	篮	医	远	放	体	育	场	电
潜	益	织	技	营	读	远	击	足	瓷	画	工	画	法	阅	影
画	画	艺	拳	利	鱼	读	击	技	利	法	松	厂	动	纫	品
露	狩	塔	纫	针	钓	松	活	魔	阅	织	陶	露	阅	放	游
鱼	球	谷	仓	跳	纫	松	陶	品	缝	魔	陶	活	活	影	营
戏	戏	阅	魔	缝	戏	读	松	工	实	戏	拳	绘	营	针	暇
园	跳	动	钓	绘	品	乐	摄	钓	验	公	动	陶	棒	大	摄
戏	狩	钓	放	利	针	利	品	猎	室	寓	法	篮	织	使	绘
织	缝	棒	能	钓	活	读	园	跳	棒	潜	缝	营	球	馆	拼

公寓	医院
城堡	酒店
谷仓	实验室
电影	博物馆
大使馆	天文台
学校	超级市场
体育场	剧院
农场	帐篷
工厂	大学
车库	

54 - Aventura

篮 绘 摄 法 法 美 准 球 利 猎 露 针 趣 品 目 舞
击 拼 勇 敢 游 活 备 喜 足 鱼 织 趣 法 跳 篮 的 园
织 猎 读 缝 篮 篮 趣 足 悦 阅 游 园 工 足 地 足
技 陶 挑 战 球 针 放 读 法 织 游 营 工 旅 行 法
活 趣 足 法 工 读 乐 游 危 营 艺 品 乐 织 工 纫
园 针 拳 趣 法 朋 球 拼 险 益 猎 读 营 益 舞 缝
潜 瓷 趣 行 程 拼 友 猎 球 潜 潜 品 艺 画 暇 营
戏 图 篮 戏 潜 影 篮 舞 动 远 益 摄 乐 足 舞 击
缝 营 园 益 暇 营 动 魔 拳 舞 纫 园 游 纫 营
露 能 狩 放 织 针 陶 技 游 拳 缝 钓 营 困 难
松 画 热 情 松 动 游 狩 游 露 画 舞 趣 活 利
远 棒 猎 瓷 球 放 常 法 狩 松 安 击 针 动 魔
导 足 潜 暇 艺 篮 工 鱼 戏 棒 远 趣 全 动 游 棒
航 读 缝 潜 戏 品 瓷 机 会 露 远 益 大 新 的
品 趣 跳 鱼 术 法 潜 摄 远 法 动 远 足 自 陶 缝
棒 趣 陶 利 瓷 针 画 放 陶 乐 术 纫 画 然 绘 暇

喜悦
朋友
活动
勇敢
机会
挑战
目的地
困难
热情
远足

异常
行程
大自然
导航
新的
危险
准备
安全
旅行

55 - Floresta Tropical

社	园	瓷	鱼	云	跳	暇	利	戏	足	球	篮	棒	有	陶	猎
区	摄	跳	猎	法	篮	拳	潜	拼	能	气	园	拳	价	法	品
园	术	利	拳	绘	工	松	术	针	猎	保	候	趣	值	暇	击
织	恢	乐	摄	暇	远	陶	织	乐	狩	存	丛	林	的	活	击
露	复	法	读	篮	猎	针	缝	戏	拼	园	瓷	利	篮	击	狩
松	园	法	苔	藓	工	生	缝	放	露	多	样	性	尊	击	暇
狩	陶	狩	潜	术	营	绘	存	篮	能	益	球	活	重	利	技
织	活	摄	狩	技	趣	足	舞	趣	魔	拳	远	艺	瓷	钓	舞
舞	潜	画	钓	画	园	陶	纫	利	影	松	品	两	画	魔	植
露	狩	昆	虫	狩	暇	鸟	类	物	动	乳	哺	栖	营	工	物
大	自	然	跳	猎	钓	园	工	种	艺	益	能	动	动	绘	球
益	阅	乐	钓	球	益	品	游	品	球	缝	拳	物	钓	术	跳
乐	艺	针	摄	击	拼	露	瓷	活	技	松	游	瓷	利	棒	鱼
缝	术	图	远	织	篮	戏	艺	篮	跳	舞	棒	钓	利	益	活
避	难	所	益	拳	法	游	猎	益	摄	钓	猎	摄	乐	猎	艺
品	营	术	戏	拼	活	营	法	法	阅	阅	术	园	拼	松	针

两栖动物	大自然
植物	鸟类
气候	保存
社区	避难所
多样性	尊重
物种	恢复
昆虫	丛林
哺乳动物	生存
苔藓	有价值的

56 - Cidade

足	缝	益	远	瓷	跳	学	大	艺	园	狩	利	机	阅	棒	绘
技	趣	针	潜	法	篮	缝	校	魔	艺	画	击	拼	场	画	舞
放	放	游	露	利	魔	利	露	魔	游	能	药	舞	市	露	远
活	法	纫	瓷	摄	狩	法	远	利	趣	陶	店	酒	级	影	织
动	跳	舞	针	趣	绘	潜	利	画	陶	狩	电	影	超	戏	猎
体	工	缝	艺	品	工	远	棒	织	魔	乐	放	能	营	舞	剧
育	图	益	足	影	拳	纫	露	猎	能	戏	纫	舞	趣	营	院
场	球	餐	厅	针	益	针	纫	舞	钓	读	跳	钓	法	放	阅
活	魔	绘	织	图	摄	花	摄	沙	足	戏	击	舞	暇	利	暇
足	读	面	篮	书	能	店	狩	龙	篮	拼	技	绘	露	跳	园
露	能	包	击	馆	拳	钓	瓷	陶	跳	陶	露	术	动	物	园
戏	技	店	舞	乐	园	松	市	场	拳	钓	拳	动	远	术	暇
纫	远	能	摄	陶	棒	针	针	狩	品	绘	读	狩	远	读	陶
猎	舞	银	利	园	术	乐	动	艺	园	狩	露	影	技	鱼	游
读	潜	行	暇	艺	球	游	暇	瓷	画	舞	摄	利	博	物	馆
篮	拼	拼	球	拳	益	舞	工	绘	技	廊	球	书	店	画	乐

机场	动物园
银行	书店
图书馆	市场
电影	博物馆
学校	面包店
体育场	餐厅
药店	沙龙
花店	超级市场
画廊	剧院
酒店	大学

57 - Música

钓 棒 音 乐 家 艺 歌 球 利 趣 速 节 奏 游 足 松
狩 织 能 声 活 针 手 球 摄 法 度 拼 击 猎 远 画
影 园 术 缝 动 陶 篮 足 趣 织 鱼 和 谐 球 足 术
阅 动 潜 阅 瓷 暇 营 松 工 放 园 跳 猎 篮 工 能
舞 乐 利 趣 戏 能 露 乐 乐 品 专 辑 古 典 利 益
读 活 影 陶 瓷 动 棒 合 唱 暇 图 鱼 戏 能 暇 技
品 工 暇 技 阅 活 钓 幼 鱼 乐 图 摄 术 潜 足 足
陶 篮 陶 趣 露 录 仪 抒 工 工 舞 陶 足 露 麦 趣
艺 拳 足 画 艺 音 器 情 针 民 拼 篮 音 艺 克 缝
针 利 诗 意 舞 球 放 潜 摄 利 谣 针 乐 活 风 暇
远 品 足 松 技 缝 露 潜 游 放 歌 狩 剧 拳 画 拼
园 游 篮 法 艺 跳 营 舞 园 织 剧 旋 拼 针 艺 狩
艺 乐 拼 棒 露 品 幼 缝 潜 园 趣 律 乐 篮 术
动 陶 针 乐 钓 针 阅 趣 术 园 幼 利 工 能 术 陶
狩 趣 拼 技 趣 营 织 球 利 能 魔 游 凑 工 舞 暇
画 工 足 游 猎 钓 技 球 篮 针 击 缝 摄 合 钓 放

专辑
民谣
歌手
古典
合唱
录音
和谐
凑合
仪器
抒情

旋律
麦克风
音乐剧
音乐家
歌剧
诗意
节奏
速度
声乐

58 - Matemática

工	舞	陶	绘	能	足	猎	平	行	算	术	读	猎	魔	工	纫
指	益	跳	利	针	棒	动	绘	远	球	钓	影	游	能	陶	方
潜	数	营	益	暇	利	针	活	击	戏	纫	动	跳	活	瓷	程
角	潜	趣	活	放	利	鱼	露	益	钓	动	跳	活	纫	园	乐
度	球	影	技	图	放	足	园	园	棒	陶	拼	纫	针	棒	摄
周	利	图	活	针	和	十	进	制	足	游	钓	能	术	摄	露
长	画	能	猎	戏	猎	趣	图	足	猎	舞	舞	暇	鱼	放	图
足	瓷	矩	趣	放	针	影	绘	乐	乐	魔	潜	分	狩	击	狩
图	放	形	角	三	拳	陶	直	径	阅	对	称	数	缝	针	球
垂	直	边	多	边	形	影	图	活	瓷	瓷	暇	猎	跳	半	径
舞	松	四	图	趣	卷	篮	瓷	舞	工	艺	益	活	舞	放	缝
猎	戏	行	阅	潜	阅	针	游	猎	绘	击	钓	益	暇	拳	读
远	暇	平	露	鱼	益	戏	钓	拼	园	益	画	绘	技	拳	游
几	松	钓	品	技	园	阅	猎	工	缝	篮	篮	纫	舞	读	利
魔	何	广	场	乐	鱼	猎	纫	拳	击	击	远	暇	艺	乐	利
绘	艺	学	球	益	针	游	跳	活	鱼	趣	趣	活	篮	狩	鱼

算术	平行
角度	平行四边形
周长	垂直
十进制	多边形
直径	广场
方程	半径
指数	矩形
分数	对称
几何学	三角形

59 - Saúde e Bem Estar #1

细	菌	舞	篮	戏	画	绘	潜	钓	病	缝	肌	骨	摄	摄	营
术	读	拳	营	鱼	营	远	园	活	毒	戏	钓	肉	头	织	拼
皮	习	篮	足	艺	纫	击	潜	篮	织	画	潜	利	针	纫	画
肤	惯	织	术	补	品	阅	摄	诊	所	缝	戏	游	击	魔	技
趣	暇	活	戏	拳	充	拳	击	织	影	趣	跳	技	利	技	摄
拼	神	影	医	园	读	剂	激	绘	乐	针	暇	能	益	能	画
趣	经	图	生	猎	拼	狩	素	乐	潜	园	魔	球	品	影	露
益	击	跳	篮	药	店	戏	动	放	棒	潜	瓷	图	拳	鱼	击
跳	舞	活	艺	能	陶	放	猎	远	缝	钓	潜	技	跳	反	益
饥	饿	魔	陶	放	益	松	图	图	瓷	拼	游	画	画	射	猎
瓷	图	拼	画	阅	阅	工	拼	纫	瓷	魔	松	园	法	拼	瓷
跳	击	篮	针	技	远	狩	棒	狩	鱼	游	画	术	法	拳	针
摄	织	潜	图	趣	舞	魔	戏	阅	法	高	姿	势	影	利	摄
潜	瓷	艺	活	潜	织	戏	乐	瓷	绘	度	松	园	松	跳	针
益	绘	药	缝	戏	品	露	品	能	绘	击	织	治	潜	断	裂
针	趣	放	园	阅	击	园	猎	艺	瓷	绘	术	疗	露	趣	纫

高度	神经
细菌	骨头
诊所	皮肤
医生	姿势
药店	反射
饥饿	放松
断裂	补充剂
习惯	治疗
激素	病毒
肌肉	

60 - Natureza

魔	狩	放	品	法	暇	放	跳	鱼	能	摄	动	瓷	森	避	法
趣	跳	热	法	阅	跳	活	沙	漠	艺	暇	潜	态	林	难	放
游	远	带	露	棒	河	画	乐	远	钓	品	松	营	绘	所	阅
松	工	戏	品	图	陶	营	活	绘	活	暇	幼	益	戏	拼	影
猎	益	画	魔	乐	织	能	雾	织	摄	跳	美	和	平	画	球
影	冰	利	远	针	陶	暇	松	画	球	能	织	猎	篮	放	阅
远	川	绘	陶	艺	远	拼	侵	乐	缝	足	魔	露	陶	戏	戏
幼	画	暇	法	品	猎	艺	拼	蚀	动	阅	篮	法	陶	阅	法
击	品	摄	术	松	法	篮	魔	露	鱼	鱼	潜	乐	潜	拳	露
利	织	戏	瓷	戏	击	重	术	放	荒	狩	画	趣	魔	猎	舞
幼	宁	画	篮	鱼	狩	要	足	针	野	舞	法	放	术	营	针
动	物	静	戏	篮	猎	的	庇	魔	图	树	陶	趣	法	露	幼
摄	鱼	活	戏	技	魔	跳	护	术	利	叶	工	能	益	拼	营
狩	影	影	影	跳	拳	法	所	钓	北	极	钓	法	摄	技	击
露	击	利	读	拼	放	松	远	活	狩	露	影	图	远	棒	云
蜜	蜂	针	拳	影	能	鱼	远	艺	营	暇	露	远	陶	游	狩

蜜蜂
庇护所
动物
北极
沙漠
动态
侵蚀
森林

树叶
冰川
和平
避难所
荒野
宁静
热带
重要的

61 - A Empresa

法	利	法	影	摄	图	拳	瓷	棒	潜	钓	远	棒	动	利	鱼
能	能	产	陶	瓷	击	活	声	誉	单	位	就	动	图	利	利
缝	棒	品	狩	拼	篮	陶	露	织	球	篮	业	质	跳	艺	园
趋	游	篮	幼	足	工	投	暇	利	跳	术	量	能	活	动	拳
势	戏	击	利	法	狩	能	资	舞	球	露	读	进	钓	钓	露
艺	戏	利	瓷	暇	露	技	阅	松	技	舞	拼	画	展	球	球
潜	摄	动	法	趣	介	绍	潜	幼	陶	营	猎	绘	足	幼	击
收	入	利	决	定	钓	舞	摄	戏	创	潜	舞	活	陶	猎	幼
跳	鱼	魔	工	狩	远	图	戏	戏	意	园	动	舞	画	营
远	跳	远	读	篮	图	动	放	狩	影	技	影	猎	摄	阅	潜
暇	乐	阅	织	读	戏	击	阅	露	术	露	魔	缝	瓷	舞	潜
商	业	工	活	舞	趣	活	资	源	可	能	性	拼	专	业	的
狩	织	业	瓷	品	魔	艺	魔	法	阅	园	阅	摄	幼	新
猎	暇	瓷	足	露	钓	乐	拼	营	魔	拳	游	利	技	创
影	品	篮	图	远	工	品	摄	园	钓	艺	针	跳	远	绘	足
篮	摄	风	险	戏	幼	暇	棒	术	影	缝	露	图	猎	织	趣

介绍
创意
决定
就业
工业
创新的
投资
商业
可能性
产品

专业的
进展
质量
收入
资源
声誉
风险
趋势
单位

62 - Doença

绘	活	缝	篮	身	益	暇	艺	呼	术	画	工	露	狩	骨	工
品	远	足	魔	拳	体	营	弱	吸	潜	园	品	园	魔	头	戏
舞	陶	品	暇	摄	艺	摄	能	的	动	放	鱼	影	法	利	利
活	乐	松	过	术	瓷	动	读	画	潜	品	利	潜	织	放	工
猎	阅	游	乐	敏	舞	猎	症	潜	猎	潜	击	针	法	心	瓷
益	陶	读	狩	炎	细	菌	状	利	趣	击	拼	猎	益	利	游
织	法	品	远	症	品	品	工	陶	棒	足	绘	传	染	性	远
魔	远	活	活	急	性	鱼	松	棒	拼	魔	乐	遗	艺	棒	益
腹	动	画	纫	缝	织	活	游	术	狩	放	术	纫	露	纫	纫
部	远	益	舞	营	绘	利	术	陶	乐	击	益	乐	绘	读	松
技	狩	戏	棒	工	腰	影	园	园	益	足	游	针	免	疫	工
摄	艺	舞	舞	拳	椎	陶	神	经	病	治	疗	足	营	利	营
足	动	品	暇	品	纫	露	猎	读	工	摄	球	魔	法	艺	图
舞	病	原	体	活	慢	工	缝	读	游	拳	读	暇	暇	放	舞
拼	织	猎	健	康	性	图	利	读	戏	术	击	瓷	工	暇	狩
击	绘	远	绘	拼	乐	图	露	游	棒	远	篮	乐	足	营	营

腹部　　　　　　　炎症
急性　　　　　　　腰椎
过敏　　　　　神经病
细菌　　　　　骨头
传染性　　　　病原体
身体　　　　　呼吸的
慢性　　　　　健康
遗传　　　　　症状
免疫　　　　　治疗

趣 棒 击 拼 棒 术 球 摄 益 纫 暇 技 狩 篮 织 画
艺 政 棒 球 球 绘 拳 松 针 趣 利 魔 足 舞 利 拳
后 果 府 营 绘 乐 危 机 陶 放 猎 跳 影 狩 法 魔
北 乐 动 读 工 足 纫 瓷 钓 潜 利 魔 乐 放 图 工
魔 极 活 织 狩 画 狩 动 发 展 术 益 游 读 能 读
跳 击 游 法 狩 露 远 放 阅 魔 露 图 钓 潜 利 法
绘 篮 棒 猎 影 术 品 艺 活 击 工 影 艺 园 能 乐
拳 猎 露 活 工 击 鱼 图 足 猎 纫 魔 科 学 家 益
数 拼 国 足 狩 影 温 足 术 足 能 针 瓷 体 气 候
园 据 际 纫 工 法 度 利 球 阅 摄 利 趣 益 读 技
拳 猎 猎 画 未 拼 跳 动 工 舞 营 拼 读 远 乐 松
活 纫 针 魔 来 松 暇 游 业 放 舞 活 针 能 代 松
趣 纫 猎 能 潜 篮 魔 益 舞 立 拳 能 戏 拼 拼 益
环 境 的 现 在 球 钓 艺 利 法 舞 源 缝 艺 阅 松
击 艺 类 人 趣 鱼 绘 舞 跳 猎 工 技 利 猎 利 拼
纫 读 猎 口 瓷 远 缝 能 艺 技 瓷 营 狩 魔 露 摄

现在	未来
环境的	气体
北极	政府
科学家	人类
气候	工业
后果	国际
危机	立法
数据	人口
发展	温度
能源	

64 - Aviões

图 法 乐 工 松 动 击 术 活 缝 陶 松 飞 远 工 跳
趣 舞 乐 乐 绘 趣 足 游 氢 放 利 品 行 法 远 乘
天 气 游 降 营 猎 露 图 技 戏 画 摄 员 舞 动 客
拳 陶 导 落 拼 击 远 暇 动 篮 球 术 魔 篮 下 降
燃 益 图 航 营 幼 足 鱼 术 读 影 魔 乐 影 拳 利
露 料 营 魔 能 乐 营 方 潜 大 影 图 针 击 狩 拳
鱼 狩 钓 空 影 针 放 向 球 气 膨 胀 工 击 针 影
活 篮 园 气 天 阅 暇 益 益 层 针 营 活 篮 针 拳
船 益 营 鱼 空 针 篮 技 活 乐 能 击 园 乐 足 狩
球 员 跳 能 幼 益 引 擎 湍 流 图 织 暇 球 园 足
魔 跳 鱼 潜 球 狩 活 利 缝 法 舞 戏 跳 艺 足
潜 品 拳 潜 陶 工 露 游 舞 跳 暇 放 暇 篮 艺
篮 瓷 益 趣 放 乐 篮 影 戏 幼 篮 画 狩 击 乐
戏 足 织 远 击 远 历 鱼 狩 工 读 阅 图 品 法 戏
球 术 狩 戏 跳 松 史 暇 冒 摄 狩 钓 远 阅 舞
高 度 织 艺 园 拼 画 跳 险 利 动 影 跳 影 能 露

高度　空气　降落　大气层　冒险　气球　天空　燃料　下降　方向

历史　膨胀　引擎　导航　乘客　飞行员　天气　船员　湍流

65 - Tipos de Cabelo

绘	放	织	阅	利	织	品	足	法	棒	潜	拼	厚	狩	利	术
球	工	动	球	活	趣	篮	益	松	暇	鱼	瓷	潜	跳	绘	拼
能	活	黑	色	白	缝	缝	绘	远	击	画	读	阅	钓	露	织
技	技	阅	棕	读	远	击	图	缝	魔	绘	活	乐	园	图	舞
艺	足	跳	品	击	舞	工	趣	画	影	园	摄	艺	针	跳	戏
健	康	闪	亮	的	利	术	击	拳	拼	绘	猎	拼	舞	灰	卷
术	术	足	织	松	品	鱼	趣	松	秃	利	猎	法	干	色	曲
营	营	鱼	阅	品	工	工	活	长	狩	绘	足	园	编	游	摄
放	足	放	法	影	拳	辫	子	魔	拳	瓷	足	缝	织	跳	纫
针	露	拳	狩	动	银	纫	放	足	缝	阅	钓	魔	益	短	游
趣	技	园	法	动	跳	跳	利	棒	棒	鱼	纫	益	活	工	拳
球	金	球	击	远	拼	拳	益	品	园	魔	薄	卷	法	钓	拳
趣	魔	发	活	跳	图	术	瓷	纫	纫	松	潜	发	影	露	品
露	工	钓	猎	读	钓	能	缝	园	绘	瓷	摄	图	利	艺	舞
魔	拼	拳	针	鱼	猎	钓	乐	读	艺	活	艺	陶	艺	击	阅
乐	缝	猎	柔	软	的	动	陶	工	缝	活	瓷	能	跳	织	营

白色	棕色
闪亮的	黑色
卷发	健康
灰色	柔软的
卷曲	编织
金发	辫子

66 - Formas

画放利钓缝足戏狩品营技三摄工暇针
术影缝椭舞魔狩足拳暇矩角瓷园纫品
图露筒圆椭拳益足猎足形形营摄鱼画
园针魔形纫钓棱图游放足足术角戏动
魔猎纫钓缝球瓷镜暇法瓷图瓷落工利
鱼放艺狩游足广场钓球曲线营术绘读
纫技画针纫纫松球球拳画曲工游拼艺
陶松远技图陶游金动潜跳双潜摄篮纫
影远篮拼营瓷游字球陶园术足钓魔戏
品动陶影舞工艺塔读露术乐法纫画鱼
技钓技瓷戏乐趣针跳画术品拼动拳远
术放放纫品棒潜阅拼织影棒纫针弧画
针足技暇多趣魔瓷钓拼法摄棒动足锥
立击织阅边瓷法松松营放陶篮钓工体
益方纫动形圈松趣放潜利纫线能绘园
技放体法陶戏摄活拳狩图活棒松游图

角落	椭圆形
圆筒	金字塔
锥体	多边形
立方体	棱镜
曲线	广场
椭圆	矩形
双曲线	三角形

67 - Criatividade

绘	纫	活	暇	工	图	像	纫	纫	针	纫	舞	潜	织	针	足
表	达	绘	放	自	舞	放	拳	品	摄	技	松	松	戏	狩	跳
击	绘	强	乐	发	拳	利	露	舞	戏	利	技	暇	想	象	力
缝	益	度	魔	的	工	影	园	游	远	击	摄	能	露	术	活
拼	术	鱼	暇	读	动	钓	愿	景	跳	松	影	技	球	品	游
摄	益	钓	营	艺	篮	读	真	拳	法	拼	针	钓	织	魔	拳
猎	影	瓷	暇	松	游	法	实	缝	读	画	狩	摄	戏	动	纫
拼	感	钓	益	露	拼	球	性	动	流	放	魔	阅	瓷	工	读
足	灵	觉	摄	动	魔	技	情	画	读	鱼	狩	潜	明	晰	阅	利
利	活	营	乐	感	技	能	绪	暇	魔	缝	足	针	篮	读	潜
钓	纫	利	技	露	情	趣	瓷	利	狩	趣	绘	品	舞	阅	露
缝	能	露	趣	纫	印	象	拳	纫	动	露	影	游	鱼	活	戏
篮	艺	松	图	发	纫	乐	摄	缝	阅	艺	球	跳	读	棒	剧
园	术	动	放	明	直	觉	针	棒	益	缝	针	潜	暇	猎	性
游	的	球	露	益	缝	狩	舞	松	猎	陶	暇	影	击	读	绘
影	球	足	乐	拳	能	篮	球	趣	松	游	摄	读	技	织	绘

艺术的	想象力
真实性	印象
明晰	灵感
戏剧性	强度
情绪	直觉
自发的	发明
表达	感觉
流动性	感情
技能	愿景
图像	活力

68 - Dias e Meses

能	品	拳	十	二	月	摄	读	活	缝	猎	放	球	技	阅	游
四	拼	法	戏	缝	六	潜	影	潜	游	益	球	趣	品	放	动
月	潜	益	放	画	读	拳	拼	陶	图	艺	露	法	跳	放	利
益	松	潜	鱼	阅	露	放	魔	八	足	拳	能	能	品	利	鱼
戏	二	月	周	利	潜	潜	缝	月	击	活	足	瓷	松	影	画
能	工	读	针	益	鱼	能	潜	艺	拼	篮	十	一	月	动	击
鱼	球	猎	乐	棒	陶	魔	图	益	术	乐	绘	期	跳	拳	益
星	六	益	利	术	织	瓷	暇	棒	猎	影	十	星	暇	益	影
园	期	益	瓷	乐	暇	拳	活	绘	露	乐	月	读	钓	拼	陶
棒	星	五	益	鱼	瓷	星	期	四	球	钓	戏	益	一	月	画
读	缝	针	球	暇	星	足	九	月	法	松	工	织	暇	跳	游
园	鱼	艺	影	历	期	跳	利	猎	纫	图	趣	纫	动	影	织
工	魔	摄	跳	园	日	棒	能	猎	技	动	动	法	跳	法	能
摄	松	跳	棒	乐	瓷	活	星	期	二	拳	戏	动	棒	动	松
动	艺	趣	棒	棒	棒	利	游	绘	游	跳	园	利	篮	利	瓷
画	年	趣	钓	能	拳	陶	棒	乐	工	击	足	七	月	瓷	绘

四月
八月
日历
十二月
星期日
二月
一月
七月
六月

十一月
十月
星期四
星期六
星期一
九月
星期五
星期二

69 - Saúde e Bem Estar #2

棒	缝	足	益	画	工	击	法	法	拼	戏	活	影	益	瓷	血
营	活	疾	舞	能	织	游	远	狩	戏	能	读	缝	读	动	露
拳	欲	病	潜	图	园	篮	放	读	乐	艺	远	放	趣	拳	狩
饮	食	魔	远	针	拼	利	能	潜	戏	远	能	戏	画	利	露
画	技	足	钓	暇	卫	生	暇	读	戏	远	园	魔	足	足	狩
露	法	读	乐	卡	路	里	维	生	素	狩	活	缝	魔	游	瓷
远	跳	露	恢	复	趣	拼	技	活	狩	远	拼	营	园	击	魔
品	心	织	趣	舞	潜	艺	医	品	露	暇	影	钓	缝	工	拼
跳	情	利	游	露	画	钓	院	球	戏	益	营	影	解	剖	学
魔	园	工	动	图	园	放	绘	钓	织	球	狩	画	法	瓷	传
拳	游	图	针	消	利	棒	图	重	足	品	篮	利	活	能	遗
放	放	摄	术	化	动	画	影	量	暇	能	动	动	纫	源	戏
感	暇	钓	按	球	跳	戏	身	体	动	图	法	针	戏	趣	摄
染	健	潜	拼	摩	读	纫	击	击	陶	游	园	潜	纫	乐	摄
术	过	康	缝	击	动	游	球	鱼	棒	艺	球	趣	松	艺	术
棒	阅	敏	织	戏	针	拳	游	露	球	棒	拼	棒	营	篮	法

过敏	卫生
解剖学	医院
食欲	心情
卡路里	感染
身体	按摩
饮食	重量
消化	恢复
疾病	健康
能源	维生素
遗传学	

70 - Geografia

露	营	国	猎	鱼	陶	城	海	拳	绘	纬	动	球	益	画	读
术	工	家	摄	趣	阅	市	洋	北	魔	趣	度	高	益	益	跳
工	趣	舞	能	读	棒	技	放	利	图	乐	园	地	图	集	潜
子	午	线	击	缝	陶	戏	岛	松	陶	足	大	陆	陶	缝	纫
法	法	阅	读	鱼	猎	地	区	技	益	活	能	篮	放	露	
钓	舞	山	拼	舞	品	活	棒	陶	绘	工	影	能	乐	钓	棒
足	营	瓷	足	能	拼	远	动	艺	画	狩	画	影	跳	园	工
露	露	露	露	绘	利	艺	球	松	世	篮	益	击	画	工	猎
松	影	舞	陶	篮	放	画	棒	猎	界	球	跳	魔	乐	纫	针
游	海	篮	鱼	活	画	纫	画	品	远	篮	篮	跳	摄	球	鱼
足	织	动	跳	影	击	猎	陶	狩	猎	暇	艺	拼	工	狩	球
魔	瓷	园	趣	魔	读	绘	西	画	画	跳	益	术	艺	活	南
绘	击	潜	艺	画	阅	暇	针	画	画	跳	棒	技	棒	乐	拼
球	动	击	动	利	营	游	舞	暇	跳	益	术	棒	乐	营	利
法	半	法	拳	狩	河	技	魔	读	乐	球	领	土	织	影	球
技	球	松	图	能	篮	暇	棒	游	猎	球	工	摄	织	阅	图

高度
地图集
城市
大陆
半球
纬度
地图

子午线
世界
海洋
国家
地区
领土

法戏拼缝篮湾鱼陶利乐陶暇技乐足乐
足舞猎跳织球海放乐法法图钓陶画品
跳拼工品击鱼击缝绘工钓品画能动趣
球放乐画猎拼球绘趣缝趣工鱼鱼活活
技织棒纫图针狩狩移狩益能营鱼读跳
松魔术企鹅环境松民半暇针潜松法松
矿物摄科魔跳影能屿岛法戏瓷钓足陶
击舞拳针学狩鱼跳击研究员技能园球
摄棒影狩织的法冰绘温技保护阅足露
陶拳跳松法棒绘洛川度击活猎陶远大
缝园球远瓷舞缝奇缝阅篮戏摄摄征陆
阅钓艺纫画图魔猎影艺能魔品暇拼陶
游术戏法水暇陶园针艺利远动球趣工
纫足影露戏读放猎园术阅品形地理艺
营纫拳阅工阅针露潜露陶影球图拼品
足织织击动露艺画益猎冰足法暇潜趣

环境	研究员
科学的	移民
保护	矿物
大陆	半岛
海湾	企鹅
远征	洛奇
冰川	温度
地理	地形
岛屿	

72 - Flores

阅	戏	雏	篮	薰	蒲	画	织	鱼	远	营	潜	篮	影	远	远
营	纫	菊	艺	衣	公	读	拳	拳	跳	法	法	利	艺	园	放
园	图	拼	法	草	英	鱼	艺	摄	游	技	魔	游	工	品	瓷
陶	影	益	远	趣	图	技	术	艺	足	影	鱼	花	潜	绘	术
品	术	缝	游	阅	拳	趣	猎	织	拼	织	读	莉	束	露	鱼
戏	术	影	兰	栀	松	能	陶	球	瓷	陶	暇	茉	影	篮	针
法	远	球	活	花	子	艺	动	利	拼	趣	暇	能	织	艺	针
花	瓣	钓	击	趣	跳	花	拳	缝	影	术	暇	活	暇	工	织
拳	露	罂	粟	缝	戏	趣	缝	暇	工	露	绘	趣	园	图	趣
玉	兰	画	趣	狩	放	戏	向	图	趣	拼	艺	益	园	拼	工
技	拼	能	棒	法	动	画	日	金	盏	花	百	合	针	影	术
郁	金	香	三	叶	草	跳	葵	舞	图	拼	园	品	利	活	术
鱼	工	动	芙	蓉	舞	瓷	游	跳	益	纫	游	玫	球	足	潜
水	仙	花	牡	丹	潜	趣	拼	织	舞	趣	工	瑰	戏	工	跳
击	缝	跳	绘	影	动	足	魔	放	益	益	利	活	缝	针	放
乐	足	摄	放	品	图	魔	跳	舞	动	活	能	击	放	术	摄

花束	雏菊
金盏花	水仙花
蒲公英	兰花
栀子花	罂粟
向日葵	牡丹
芙蓉	花瓣
茉莉花	玫瑰
薰衣草	三叶草
百合	郁金香
玉兰	

73 - Fazenda #1

纫	动	松	钓	工	针	猫	品	游	肥	针	图	术	术	戏	松
品	暇	工	织	鱼	绘	读	足	乐	料	击	园	读	乐	钓	益
棒	法	跳	游	跳	绘	陶	棒	园	术	营	益	缝	技	拳	蜜
马	潜	益	图	动	术	拳	影	陶	跳	狩	放	织	利	缝	蜂
篮	猎	纫	篮	技	画	蜂	蜜	小	艺	拼	摄	乌	农	瓷
猪	钓	营	摄	技	摄	跳	瓷	篮	法	图	潜	术	露	鸦	业
影	足	织	游	针	活	山	羊	球	益	陶	图	陶	猎	织	游
魔	拳	鱼	缝	园	能	摄	纫	缝	狩	领	驴	缝	暇	活	游
纫	拳	阅	纫	露	足	跳	摄	狩	园	域	水	阅	拼	拼	拼
工	猎	魔	针	瓷	球	影	潜	游	棒	拼	动	针	纫	绘	瓷
织	拳	潜	干	草	趣	乐	艺	击	戏	远	瓷	狗	栅	营	球
摄	拳	陶	趣	品	篮	拼	利	能	羊	群	足	猎	栏	陶	拼
技	米	图	技	工	动	球	猎	动	游	技	放	拼	动	动	潜
利	舞	瓷	潜	能	图	猎	园	纫	动	能	法	工	工	鱼	工
画	球	潜	纫	织	艺	艺	牛	园	舞	拼	棒	园	鸡	瓷	远
击	艺	棒	拼	活	趣	钓	猎	钓	击	益	狩	活	瓷	品	狩

蜜蜂	乌鸦
农业	干草
小腿	肥料
山羊	蜂蜜
领域	羊群
栅栏	

74 - Livros

瓷趣篮技远织棒旁篮击益戏拼狩钓画
击趣篮利纫读图白瓷能狩动影狩园猎
术阅历球法能故上狩露足鱼小技术品
作者史动猎猎事下狩术益活说针织狩
营读的关相系列文摄冒益法陶织摄园
能法乐画绘摄松技狩舞险球戏拼摄拳
画趣读织术拼读悲剧篮园拳魔乐远缝
利技击棒拳击足法织页技纫读法魔钓
瓷艺图暇乐跳缝纫乐影趣工摄远影露
拳益露拳收狩篮二元性利阅书面的乐
摄露跳棒趣藏工工歌钓图舞缝纫艺图
影乐动足游戏能放诗跳能缝发明能园
织绘术品放潜术动史艺摄篮击织魔棒
棒工技鱼缝放针远远摄工益松能能足
瓷缝技趣图纫动露技戏趣针露瓷猎缝
缝拳能营动法营绘动舞文学法摄影绘

作者　　　　　发明
冒险　　　　　读者
收藏　　　　　文学
上下文　　　　旁白
二元性　　　　诗歌
书面的　　　　相关的
史诗　　　　　小说
故事　　　　　系列
历史的　　　　悲剧

75 - Governo

绘 暇 乐 影 暇 品 阅 暇 状 态 织 拼 击 益 品 猎
绘 营 读 活 象 征 影 读 利 远 摄 魔 跳 球 舞 舞
绘 棒 艺 趣 钓 利 趣 画 戏 法 钓 能 缝 画 动 读
活 露 游 趣 拳 缝 松 猎 拼 狩 活 钓 球 瓷 益 画
击 暇 拳 画 法 远 舞 放 放 潜 缝 舞 缝 国 松 篮
能 戏 能 魔 工 乐 画 游 放 工 放 潜 能 事 家 猎
利 拼 跳 瓷 拼 棒 戏 乐 织 跳 拼 技 法 民 主 球
演 讲 击 活 画 和 影 球 益 品 拳 露 摄 戏 篮 猎
钓 跳 益 缝 等 平 足 狩 狩 远 远 摄 瓷 工 术 乐
自 由 钓 纫 拼 技 戏 瓷 趣 园 读 画 工 营 利 钓
织 影 摄 纫 读 暇 营 纪 念 碑 益 动 正 利 远 织
艺 摄 独 乐 利 针 暇 动 缝 篮 工 猎 松 义 政 治
潜 纫 立 放 球 针 术 趣 游 拳 艺 能 阅 活 戏 猎
猎 画 纫 缝 鱼 魔 纫 击 营 拼 讨 公 民 身 份 园
瓷 乐 异 露 影 司 律 戏 区 足 论 钓 纫 纫 篮 读
艺 击 议 品 松 营 法 宪 法 活 读 篮 利 品 瓷 乐

公民身份　　　　司法
民事　　　　　　正义
宪法　　　　　　法律
民主　　　　　　自由
演讲　　　　　　纪念碑
讨论　　　　　　国家
异议　　　　　　和平
状态　　　　　　政治
平等　　　　　　象征
独立

76 - Jardinagem

软	管	拳	露	阅	潜	远	猎	跳	跳	松	阅	图	舞	猎	瓷
狩	工	术	纫	艺	堆	种	子	钓	放	魔	纫	乐	针	陶	绘
魔	舞	狩	远	益	棒	肥	法	击	跳	拼	拼	魔	绘	戏	乐
猎	绘	篮	纫	园	阅	足	织	击	猎	纫	针	植	物	物	种
园	益	鱼	污	陶	法	鱼	技	拼	击	利	狩	游	园	术	工
季	节	性	垢	跳	针	跳	园	摄	篮	瓷	瓷	鱼	阅	乐	松
能	艺	放	利	拳	影	针	钓	法	拳	摄	工	游	读	影	拼
潜	跳	拼	魔	土	益	画	品	活	松	陶	钓	魔	跳	远	潜
猎	球	织	潜	壤	法	舞	潜	益	趣	术	趣	摄	鱼	术	营
动	术	远	针	工	营	动	工	足	花	游	潜	放	趣	叶	术
猎	拳	动	舞	拳	跳	钓	纫	气	读	束	陶	织	活	松	水
活	乐	松	击	篮	工	阅	露	候	异	狩	跳	放	舞	篮	分
足	食	用	缝	瓷	阅	绘	水	针	国	足	开	的	绘	游	球
乐	猎	戏	图	阅	绘	树	叶	容	情	工	钓	花	潜	果	瓷
园	活	暇	画	园	露	乐	篮	器	调	纫	动	松	游	园	活
活	能	益	图	动	绘	活	趣	舞	放	读	艺	摄	乐	针	术

植物	树叶
花束	软管
气候	果园
食用	容器
堆肥	季节性
物种	种子
异国情调	土壤
开花	污垢
花的	水分

77 - Profissões #2

戏	乐	鱼	鱼	品	园	图	利	工	鱼	潜	术	阅	暇	放	趣
动	钓	拳	术	潜	技	图	露	拼	乐	舞	术	缝	法	游	舞
钓	放	益	艺	暇	画	织	营	能	游	读	技	舞	图	纫	趣
园	鱼	画	松	利	潜	暇	针	篮	舞	摄	绘	画	陶	技	影
摄	潜	缝	趣	击	营	摄	艺	织	哲	学	家	家	放	棒	活
阅	瓷	术	技	生	医	科	外	潜	纫	画	学	绘	法	击	魔
纫	鱼	鱼	击	牙	物	钓	游	击	球	击	言	动	拼	艺	能
益	动	能	摄	读	医	学	瓷	活	魔	语	击	缝	足	营
狩	影	读	园	丁	法	游	家	老	师	程	工	记	者	营	影
织	击	利	阅	陶	狩	术	暇	技	影	球	潜	露	拳	动	插
利	拳	击	潜	技	益	术	魔	戏	摄	游	农	织	影	艺	画
球	狩	跳	针	放	摄	法	狩	针	乐	艺	暇	民	足	研	家
钓	乐	宇	品	摄	潜	读	发	明	者	利	露	拳	趣	究	松
绘	益	航	趣	放	动	物	学	家	击	拼	飞	行	员	员	工
医	生	员	理	管	书	图	钓	织	舞	击	瓷	趣	织	钓	织
利	趣	拳	园	技	魔	暇	舞	鱼	足	图	戏	读	舞	瓷	拳

农民	发明者
宇航员	研究员
图书管理员	园丁
生物学家	记者
外科医生	语言学家
牙医	医生
工程师	飞行员
哲学家	画家
摄影师	老师
插画家	动物学家

78 - Negócios

术 钓 击 艺 潜 拼 击 员 工 利 润 利 工 缝 摄 松
针 动 潜 暇 雇 营 工 球 游 鱼 技 工 阅 舞 猎 跳
鱼 画 品 营 阅 主 园 摄 击 缝 足 篮 击 法 放
图 技 缝 趣 暇 画 动 工 趣 猎 能 园 园 动 陶
鱼 篮 影 暇 读 技 击 厂 读 针 能 露 纫 图 阅
跳 篮 放 魔 工 戏 篮 绘 棒 钓 球 棒 拼 能 活
游 拳 陶 绘 益 钱 远 织 棒 影 读 瓷 棒 商 舞 乐
魔 钓 击 绘 跳 球 绘 纫 棒 球 读 瓷 棒 园 店 狩 阅
术 暇 球 陶 露 露 益 画 成 本 阅 艺 戏 折 术 织 拳
销 售 摄 利 跳 露 足 游 货 币 瓷 活 拳 扣 金 远
暇 篮 针 预 织 露 园 钓 露 影 摄 园 活 乐 融 露
能 松 露 算 利 魔 纫 游 远 针 影 舞 织 影 游 动
针 松 办 暇 击 商 放 画 瓷 潜 税 瓷 活 乐 猎 篮 鱼
鱼 司 公 收 入 品 经 济 学 术 乐 摄 缝 艺 跳 画
舞 图 室 暇 艺 营 艺 投 资 织 技 游 画 阅 拳 活
艺 纫 技 动 术 织 职 业 生 涯 读 缝 拳 狩 工 术

职业生涯   金融
成本   投资
折扣   商店
经济学   利润
员工   商品
雇主   货币
公司   预算
办公室   收入
工厂   销售

79 - Fazenda #2

松	远	绘	纫	游	影	读	阅	图	棒	篮	针	远	术	狩	潜
读	影	艺	绘	猎	狩	羊	摄	利	绘	利	技	暇	松	针	钓
拼	钓	谷	仓	魔	艺	肉	能	钓	营	拼	动	篮	活	利	球
绘	工	能	舞	球	篮	针	乐	远	动	能	钓	利	读	工	游
术	松	鸭	鱼	拳	鱼	趣	鱼	舞	物	纫	读	魔	美	放	趣
篮	瓷	乐	狩	拳	图	能	利	绘	乐	画	技	潜	摄	洲	远
猎	戏	读	瓷	陶	玉	纫	农	蔬	菜	缝	游	图	营	艺	驼
鱼	戏	球	动	织	米	猎	跳	民	小	麦	牧	纫	阅	舞	钓
能	针	露	游	能	远	工	拼	瓷	鱼	大	羊	露	篮	技	法
潜	利	趣	技	工	能	篮	园	纫	针	绘	人	魔	魔	艺	品
趣	跳	棒	工	品	益	戏	营	技	击	织	果	园	工	活	拳
球	跳	狩	陶	魔	暇	潜	法	击	画	狩	戏	绘	趣	影	读
远	技	潜	暇	针	营	艺	纫	趣	羊	瓷	阅	远	技	能	拼
阅	篮	足	棒	鹅	拖	鱼	品	利	潜	拼	品	工	舞	远	放
棒	术	牛	乐	灌	织	拉	瓷	乐	乐	艺	法	暇	技	露	画
益	猎	奶	松	溉	水	果	机	拼	阅	工	棒	拼	狩	草	甸

农民
动物
谷仓
大麦
羊肉
水果
灌溉
牛奶

美洲驼
玉米
牧羊人
果园
草甸
拖拉机
小麦
蔬菜

80 - Jardim

放	陶	暇	画	瓷	门	纫	魔	益	术	栅	平	鱼	猎	法	技
动	足	露	钓	狩	廊	暇	草	技	乐	栏	台	拼	工	鱼	潜
软	管	园	蹦	戏	织	拼	杂	乐	猎	阅	鱼	工	跳	绘	潜
能	魔	利	床	松	跳	瓷	潜	击	潜	棒	营	棒	瓷	术	跳
技	品	法	营	拳	钓	画	缝	法	露	松	鱼	花	能	拼	游
阅	能	缝	露	猎	能	陶	露	益	画	池	塘	艺	园	游	活
益	钓	摄	绘	松	舞	棒	营	摄	瓷	影	松	游	果	读	棒
读	益	术	艺	园	阅	跳	钓	陶	树	露	织	足	放	瓷	陶
魔	纫	拳	画	足	戏	针	舞	暇	趣	缝	跳	瓷	读	跳	戏
工	工	舞	远	活	图	铲	潜	击	戏	鱼	潜	暇	暇	戏	术
艺	击	暇	耙	摄	纫	纫	阅	狩	摄	戏	钓	猎	魔	魔	魔
营	暇	球	松	足	舞	法	缝	陶	纫	纫	击	游	瓷	园	土
拳	阅	跳	缝	趣	灌	木	钓	影	艺	猎	织	利	放	影	壤
动	缝	园	暇	织	松	品	魔	摄	读	拳	趣	影	跳	利	松
潜	能	益	游	吊	床	戏	足	草	坪	魔	跳	读	术	戏	织
车	库	足	法	戏	篮	针	球	放	园	暇	园	魔	暇	篮	缝

灌木
栅栏
杂草
车库
草坪
花园
池塘

吊床
软管
果园
土壤
平台
蹦床
门廊

81 - Oceano

魔	潜	放	趣	织	魔	活	绘	瓷	暇	魔	跳	潜	松	能	术
风	暇	远	缝	魔	钓	礁	艺	虾	瓷	活	工	潜	缝	图	松
绘	暴	园	工	织	放	图	动	纫	读	瓷	游	放	动	纫	戏
拼	图	棒	工	利	海	利	篮	营	跳	园	章	狩	足	术	放
魔	织	读	园	缝	豚	牡	蛎	绘	品	狩	鱼	鲸	阅	钓	营
技	露	松	舞	螃	法	放	舞	远	潮	汐	枪	鱼	纫	足	针
陶	趣	游	足	蟹	乐	钓	篮	品	猎	足	金	艺	营	舞	趣
法	益	鱼	游	工	戏	击	趣	露	摄	足	品	术	趣	画	艺
活	露	猎	营	狩	营	露	益	篮	拳	益	绘	能	读	图	潜
绘	绘	潜	园	击	营	图	营	织	益	影	图	活	织	狩	戏
影	钓	足	陶	拼	艺	游	织	猎	技	远	品	能	益	纫	远
球	狩	海	影	园	趣	鱼	跳	篮	狩	远	影	篮	针	狩	利
织	盐	蜇	鲨	鱼	画	藻	艺	篮	乐	海	狩	摄	园	乌	龟
利	戏	法	篮	艺	读	类	魔	舞	露	乐	绵	戏	松	乐	能
珊	瑚	营	乐	狩	动	利	读	远	绘	远	活	活	利	鳗	鱼
术	影	图	船	暇	品	拳	园	营	舞	活	瓷	园	动	跳	能

藻类
金枪鱼
螃蟹
珊瑚
鳗鱼
海绵
海豚

潮汐
海蜇
牡蛎
章鱼
乌龟
风暴
鲨鱼

82 - Profissões #1

篮 工 能 科 狩 营 技 猎 露 画 戏 益 鱼 技 狩 缝
拼 足 魔 乐 学 影 摄 跳 益 纫 能 法 艺 园 缝 技
术 营 利 乐 图 家 蹈 舞 利 能 图 织 露 缝 乐 乐
魔 潜 兽 暇 趣 学 琴 品 制 针 缝 钓 魔 乐 猎 人
地 益 医 放 图 文 露 钢 图 法 绘 图 陶 游 读 人
质 大 使 利 狩 天 技 舞 师 拼 猎 纫 趣 露 摄 技
学 拳 绘 篮 纫 足 术 潜 能 潜 摄 趣 绘 缝 跳 拳
家 阅 纫 品 艺 术 家 球 足 图 狩 棒 陶 影 趣 针
工 暇 营 潜 摄 跳 篮 缝 织 跳 松 钓 跳 图 图 钓
管 游 艺 放 技 露 消 活 读 拼 潜 暇 工 钓 工 摄
水 手 珠 宝 商 心 防 银 趣 技 音 乐 家 舞 图 利
暇 松 潜 活 织 理 队 影 行 编 辑 潜 阅 放 拳 摄
潜 钓 拼 织 陶 学 员 放 足 家 缝 影 针 松 利 活
陶 露 阅 趣 棒 家 绘 拳 活 暇 游 跳 针 游 艺 戏
舞 营 戏 潜 读 护 猎 暇 棒 绘 拼 暇 球 暇 利 陶
击 读 狩 潜 球 士 利 球 远 技 律 师 舞 潜 画 暇

律师	大使
艺术家	水管工
天文学家	护士
银行家	地质学家
消防队员	珠宝商
猎人	水手
制图师	音乐家
科学家	钢琴家
舞蹈家	心理学家
编辑	兽医

83 - Força e Gravidade

益	绘	品	放	工	发	读	纫	舞	放	露	读	缝	趣	能	术
营	营	技	活	动	缝	现	品	织	画	艺	舞	重	鱼	动	魔
猎	园	缝	魔	击	乐	纫	术	法	鱼	扩	张	量	棒	潜	拼
舞	缝	鱼	拳	术	摩	擦	露	动	摄	针	潜	击	戏	放	游
动	态	陶	影	摄	球	暇	松	阅	狩	读	拳	戏	图	钓	轴
普	遍	的	营	跳	法	画	瓷	动	工	拳	拼	远	跳	远	跳
潜	篮	篮	远	纫	舞	钓	足	读	游	拳	远	利	舞	击	技
运	动	露	园	拼	跳	技	击	猎	篮	利	术	游	乐	园	利
戏	猎	画	园	缝	松	针	距	利	工	营	织	术	轨	力	学
行	远	篮	画	钓	图	纫	离	艺	工	乐	动	法	道	艺	压
星	足	活	法	活	球	篮	拳	影	动	园	击	绘	松	中	央
物	理	瓷	益	跳	猎	趣	品	摄	读	击	乐	针	足	影	品
品	针	织	跳	缝	鱼	能	益	拳	缝	钓	益	暇	跳	响	工
术	技	动	拳	动	织	摄	猎	击	放	击	能	拳	益	猎	狩
陶	时	拼	磁	速	放	放	暇	艺	能	魔	读	图	远	艺	趣
拳	拳	间	性	度	品	击	针	能	工	影	暇	园	图	摄	营

摩擦	力学
中央	运动
发现	轨道
动态	重量
距离	行星
扩张	压力
物理	速度
影响	时间
磁性	普遍的

84 - Abelhas

工	趣	技	蜂	狩	织	法	读	戏	拳	营	工	生	品	鱼	狩
拼	趣	画	蜜	技	法	击	舞	利	动	趣	态	游	能	戏
技	图	击	利	缝	松	蜂	巢	园	图	露	戏	系	足	画	球
拳	狩	工	陶	瓷	法	放	放	法	跳	园	植	统	鱼	营	法
篮	钓	缝	读	跳	拼	开	花	益	织	昆	物	游	陶	阅	狩
织	露	击	摄	游	织	舞	乐	动	技	虫	游	篮	法	放	陶
绘	戏	魔	拼	艺	读	鱼	猎	针	游	画	有	艺	球	织	织
女	瓷	露	猎	放	露	图	松	多	样	性	篮	益	球	能	蜡
王	烟	露	翅	膀	针	暇	陶	击	能	跳	针	画	的	棒	跳
太	阳	松	利	绘	趣	钓	拼	魔	远	阅	园	园	艺	园	粉
绘	读	钓	绘	缝	图	猎	松	足	摄	技	瓷	游	放	戏	花
暇	利	狩	阅	远	摄	戏	足	乐	技	陶	技	活	游	影	舞
法	放	园	拳	足	读	园	猎	放	品	工	技	品	摄	针	猎
织	猎	活	球	远	摄	击	画	水	游	猎	摄	阅	阅	术	猎
魔	读	猎	戏	狩	击	纫	篮	果	松	瓷	击	击	艺	针	针
生	境	群	品	动	猎	阅	狩	乐	鱼	阅	术	篮	松	放	图

翅膀	昆虫
有益的	花园
蜂巢	蜂蜜
多样性	植物
生态系统	花粉
开花	女王
水果	太阳
生境	

85 - Ciência

狩 远 乐 游 益 摄 营 远 读 篮 篮 钓 瓷 技 松 乐
气 远 击 棒 摄 园 跳 能 绘 读 拼 球 篮 舞 术 松
候 园 益 猎 拳 跳 品 松 绘 理 球 图 品 篮 画 法
图 园 足 法 利 魔 活 乐 植 物 矿 纫 拼 品 暇 营
法 松 假 拼 艺 瓷 能 品 影 生 缝 阅 术 画 针 画
利 潜 设 棒 艺 游 游 动 露 狩 画 猎 狩 放 图 摄
乐 阅 松 图 瓷 钓 缝 钓 绘 重 露 营 猎 球 棒 瓷
织 拳 击 拳 摄 乐 篮 法 球 事 力 舞 动 暇 猎 放
大 放 园 实 织 益 篮 品 活 实 陶 术 足 乐 放 艺
自 足 瓷 验 舞 棒 工 化 进 品 瓷 益 技 益 缝 读
然 数 露 室 阅 跳 术 织 石 粒 营 放 猎 工 益 阅
摄 据 拳 击 读 画 狩 营 影 子 影 击 棒 画 术 纫
远 球 远 摄 活 园 原 织 露 科 观 察 狩 影 方 法 拳
钓 利 戏 摄 钓 乐 画 子 学 化 狩 影 松 品 艺 品
艺 针 舞 读 足 钓 技 品 分 家 品 戏 拼 园 活 读
益 纫 工 织 游 绘 趣 瓷 子 鱼 松 艺

原子　　　　　　实验室
科学家　　　　　方法
气候　　　　　　矿物
数据　　　　　　分子
进化　　　　　　大自然
事实　　　　　　观察
物理　　　　　　生物
化石　　　　　　粒子
重力　　　　　　植物
假设　　　　　　化学的

86 - Comida #1

花	瓷	乐	艺	游	游	图	游	品	放	大	狩	摄	摄	潜	瓷
术	生	狩	园	戏	绘	影	术	暇	钓	麦	钓	营	猎	松	魔
胡	萝	卜	动	糖	罗	勒	潜	盐	阅	技	影	瓷	织	戏	放
益	摄	钓	品	放	瓷	艺	鱼	棒	草	球	品	棒	阅	乐	瓷
织	园	跳	乐	利	篮	舞	术	蛋	莓	放	工	松	趣	杏
放	击	术	乐	画	乐	棒	沙	糕	图	益	工	汤	狩	陶
击	品	织	影	乐	园	足	拉	影	狩	园	能	棒	纫	钓
读	远	益	影	足	牛	暇	魔	篮	动	肉	桂	绘	园	陶	放
利	艺	术	营	游	奶	远	拳	动	猎	园	工	纫	利	露	猎
金	枪	鱼	拼	击	松	大	蒜	图	纫	趣	击	洋	潜	活	魔
活	摄	织	鱼	针	露	园	钓	影	跳	舞	针	葱	能	摄	画
术	舞	远	动	戏	纫	拳	益	芜	菁	工	鱼	营	松	乐	戏
陶	针	品	能	绘	鱼	读	织	缝	拳	鱼	纫	摄	缝	能	品
钓	工	跳	工	篮	针	趣	击	阅	图	营	艺	远	活	狩	戏
菠	拼	柠	果	篮	法	放	动	摄	戏	足	技	猎	益	狩	松
织	菜	檬	汁	钓	艺	摄	拳	活	拳	摄	魔	足	趣	纫	舞

大蒜
花生
金枪鱼
蛋糕
肉桂
洋葱
胡萝卜
大麦

菠菜
牛奶
柠檬
罗勒
草莓
芜菁
沙拉
果汁

87 - Geometria

动	戏	乐	艺	游	陶	画	对	称	纫	针	远	棒	舞	潜	艺
暇	缝	圈	中	位	数	棒	动	绘	益	球	理	论	利	击	远
利	织	逻	营	纫	段	阅	足	钓	织	益	法	露	魔	拳	影
缝	暇	辑	品	游	尺	鱼	放	趣	图	比	游	戏	艺	足	松
击	远	术	益	影	寸	远	戏	放	纫	动	例	放	陶	垂	直
陶	陶	益	缝	质	量	计	算	针	陶	击	技	戏	鱼	营	游
趣	品	舞	拼	阅	跳	松	拼	狩	画	鱼	工	画	瓷	针	跳
趣	能	潜	针	利	品	品	趣	钓	球	纫	跳	品	魔	织	阅
鱼	摄	缝	针	瓷	乐	动	影	鱼	陶	读	魔	技	戏	舞	足
趣	缝	跳	针	游	影	能	织	潜	画	针	缝	猎	画	魔	术
陶	绘	棒	击	远	活	营	动	技	狩	舞	远	针	趣	纫	篮
阅	针	绘	狩	远	动	针	乐	放	园	针	绘	品	钓	舞	拼
摄	术	益	高	三	角	形	戏	利	钓	曲	动	趣	读	艺	直
乐	棒	利	法	度	角	动	足	放	魔	陶	线	篮	动	工	径
表	法	营	瓷	鱼	钓	活	水	绘	魔	能	摄	艺	绘	放	摄
面	钓	法	法	织	益	行	平	棒	乐	方	程	品	利	绘	钓

高度	质量
角度	中位数
计算	平行
曲线	比例
直径	对称
尺寸	表面
方程	理论
水平	三角形
逻辑	垂直

88 - Pássaros

工	戏	游	趣	趣	苍	益	工	针	纫	天	能	画	术	工	利
乐	营	篮	针	动	园	鹭	陶	陶	阅	鹅	鱼	缝	篮	猎	缝
工	利	能	工	影	戏	篮	工	品	球	企	画	球	摄	术	绘
阅	影	篮	影	工	瓷	影	品	纫	动	球	工	露	摄	活	术
读	动	远	园	鸭	利	活	针	游	能	暇	暇	棒	活	棒	工
鸵	阅	钓	法	潜	乐	能	园	鱼	图	法	钓	动	瓷	阅	品
鹅	鸟	棒	法	艺	露	鸥	技	术	游	绘	艺	图	品	拼	放
趣	嘴	影	阅	品	篮	棒	舞	鹰	球	魔	影	狩	活	利	缝
趣	巨	缝	品	潜	足	画	图	摄	拳	放	蛋	拳	露	游	针
拼	猎	园	织	品	画	影	营	纫	鸡	火	烈	鸟	营	陶	舞
鹳	暇	游	狩	篮	缝	露	益	陶	影	松	孔	雀	击	阅	技
瓷	营	露	趣	击	鹦	舞	棒	鹈	鹕	乐	放	麻	钓	瓷	戏
球	技	能	跳	画	鹉	击	陶	棒	工	营	利	钓	活	击	球
影	跳	技	乌	鸦	球	益	摄	鸽	子	乐	营	暇	绘	益	能
术	舞	摄	放	动	鱼	趣	术	钓	杜	鹃	摄	棒	露	缝	术
纫	阅	露	趣	技	乐	活	戏	游	益	球	远	图	图	游	松

鸵鸟	麻雀
天鹅	孔雀
乌鸦	鹈鹕
杜鹃	企鹅
火烈鸟	鸽子
苍鹭	巨嘴鸟
鹦鹉	

89 - Literatura

```
趣 暇 戏 陶 阅 棒 工 隐 喻 露 技 类 狩 旁 摄 画
针 品 松 针 棒 针 图 法 能 营 结 较 比 白 能 跳
猎 针 游 钓 足 诗 潜 法 露 放 论 法 潜 工 图 魔
法 舞 钓 趣 乐 意 钓 游 陶 艺 猎 能 拼 艺 狩 猎
主 工 利 画 趣 陶 阅 鱼 乐 球 图 技 技 法 技 篮
品 题 趣 松 狩 篮 织 园 舞 针 影 篮 戏 戏 术 轶
狩 拼 能 艺 拼 影 瓷 益 织 摄 缝 戏 摄 远 拳 事
缝 猎 读 游 钓 钓 舞 球 松 针 球 技 舞 瓷 露 品
描 述 益 拳 放 法 活 击 韵 图 术 舞 技 放 跳 跳
画 趣 棒 潜 游 拼 舞 动 营 趣 品 松 陶 阅 风
松 悲 缝 球 园 传 记 利 利 狩 远 技 缝 小 说 格
篮 剧 技 阅 术 露 利 暇 动 对 读 跳 纫 动 能 篮
针 技 拳 猎 节 奏 分 析 动 瓷 话 足 鱼 棒 击 陶
益 球 益 松 松 跳 园 作 棒 营 跳 远 能 暇 远 击
趣 品 艺 露 球 棒 放 者 击 能 画 织 击 益 意 见
阅 针 图 拳 读 松 乐 暇 露 鱼 击 潜 暇 击 趣 影
```

类比
分析
轶事
作者
传记
比较
结论
描述
对话

风格
小说
隐喻
旁白
意见
诗意
节奏
主题
悲剧

90 - Química

能	游	影	趣	篮	猎	园	动	绘	能	园	拼	棒	读	游	趣
氢	能	篮	鱼	读	针	工	读	织	陶	摄	纫	球	活	放	工
球	能	猎	潜	魔	能	趣	工	乐	品	乐	瓷	画	技	品	园
织	活	针	瓷	有	绘	击	核	潜	读	读	法	艺	绘	远	画
利	活	纫	读	机	利	电	子	离	元	技	魔	读	放	纫	舞
缝	影	绘	技	活	品	趣	球	分	素	戏	远	棒	画	乐	画
篮	术	拼	游	潜	阅	陶	缝	露	松	影	园	重	能	益	足
缝	碳	读	游	趣	棒	放	足	益	球	阅	足	魔	量	趣	露
鱼	氧	魔	针	品	艺	织	拳	能	织	松	陶	酶	工	活	画
缝	舞	阅	园	舞	画	魔	摄	乐	篮	读	纫	摄	益	放	画
乐	舞	针	放	盐	纫	鱼	热	艺	艺	阅	拳	猎	篮	游	魔
绘	碱	性	温	松	放	缝	趣	图	催	化	剂	潜	露	戏	营
绘	趣	棒	度	魔	益	远	棒	法	陶	酸	球	工	棒	拼	游
放	绘	氯	露	画	影	游	跳	画	远	瓷	猎	拳	营	纫	缝
营	画	摄	篮	狩	跳	品	足	趣	阅	狩	营	术	技	液	体
狩	狩	趣	瓷	暇	动	陶	乐	益	针	活	棒	击	园	缝	气

碱性   液体
催化剂   分子
元素   有机
电子   重量
气体   温度
离子

91 - Clima

飓风法微陶乐法舞拼游风图棒极动术
露卷法风技天空绘季风暴击球地能艺
动龙营游云猎益品活图能幼图织猎品
跳活舞乐摄绘拼能露游戏跳针跳拳露
乐彩乐绘利球读鱼图舞足舞潜利术舞
绘暇虹棒远幼足足园戏暇品活活瓷钓
读幼读缝品露篮击鱼织温放魔干闪电
益钓足图针跳露读阅能度艺旱图戏乐
园鱼雾篮读阅鱼摄击乐猎鱼影图艺乐
魔乐术露能球营拳干幼读幼拳狩法品
拳摄陶棒读图露魔松燥魔篮织摄热带
拳益技暇球瓷跳篮潜陶气候能狩鱼园
工活棒园舞针织益拼魔大幼利拳织工
瓷绘球针织活狩棒园露游远鱼击魔鱼
魔暇狩球魔术跳阅活雷工魔松园图暇
艺冰读缝棒绘篮球松声戏放瓷画鱼篮

彩虹　　　　　　　闪电
大气　　　　　　　干旱
微风　　　　　　　干燥
天空　　　　　　　温度
气候　　　　　　　风暴
飓风　　　　　　　龙卷风
季风　　　　　　　热带
极地　　　　　　　雷声

92 - Tecnologia

乐	足	图	暇	舞	技	活	织	足	利	织	园	术	足	能	暇
露	放	能	戏	足	放	游	球	钓	字	节	球	品	园	放	艺
光	织	绘	松	绘	能	法	读	利	幼	钓	陶	术	影	术	足
趣	标	图	篮	鱼	远	棒	鱼	松	瓷	读	博	客	棒	陶	松
游	戏	趣	阅	读	跳	篮	篮	法	互	远	魔	远	松	趣	篮
影	舞	织	工	猎	绘	画	舞	钓	联	露	利	游	钓	缝	拼
技	击	针	拳	艺	法	画	狩	艺	网	益	拳	病	益	瓷	狩
益	篮	绘	鱼	园	品	棒	鱼	放	图	屏	幕	毒	钓	图	营
益	拼	园	篮	图	艺	术	魔	绘	棒	技	暇	利	动	能	远
阅	针	文	件	瓷	织	能	缝	瓷	术	活	篮	影	松	画	舞
放	读	织	针	虚	工	图	技	暇	鱼	戏	鱼	电	能	棒	露
读	放	棒	工	露	拟	球	动	浏	览	器	软	脑	信	鱼	瓷
钓	舞	趣	绘	针	球	松	法	瓷	篮	远	件	工	息	研	究
瓷	动	据	数	计	统	击	棒	艺	魔	舞	跳	技	钓	活	棒
营	工	游	数	动	暇	安	阅	拼	品	魔	影	钓	钓	暇	艺
狩	摄	体	字	织	放	全	工	球	画	篮	乐	阅	照	相	机

文件
博客
字节
照相机
电脑
光标
数据
数字
统计数据
字体

互联网
信息
浏览器
研究
安全
软件
屏幕
虚拟
病毒

93 - Diplomacia

品	潜	顾	远	画	品	击	织	针	动	讨	鱼	法	艺	乐	法
工	瓷	绘	问	织	潜	猎	钓	利	织	园	论	艺	游	陶	益
能	画	营	远	纫	鱼	远	图	趣	艺	织	绘	狩	足	球	棒
绘	趣	技	决	冲	突	政	府	营	狩	潜	魔	棒	绘	艺	篮
放	法	动	议	益	球	棒	语	言	露	摄	外	交	织	跳	跳
远	猎	跳	益	织	猎	潜	针	活	术	魔	画	放	暇	针	活
露	术	露	品	缝	拼	园	摄	艺	影	安	全	人	道	主	义
读	画	拼	远	松	益	阅	足	远	益	术	篮	法	瓷	直	正
球	陶	合	工	营	钓	拳	戏	条	拳	织	术	活	读	利	活
猎	解	作	趣	陶	社	区	影	约	戏	能	拼	益	缝	图	瓷
营	决	术	猎	品	活	艺	瓷	远	篮	馆	政	游	阅	绘	钓
足	方	舞	远	松	陶	纫	远	露	大	使	动	治	图	拳	拼
伦	案	公	远	游	趣	图	针	织	园	大	针	拳	艺	营	棒
理	缝	民	织	阅	棒	猎	暇	放	图	瓷	能	鱼	营	魔	棒
足	击	足	营	露	跳	益	暇	拼	术	织	趣	织	纫	猎	陶
戏	舞	工	针	潜	乐	陶	益	拼	绘	拳	鱼	画	暇	动	摄

公民
社区
冲突
顾问
合作
外交
讨论
大使馆
大使
伦理

政府
人道主义
正直
正义
语言
政治
决议
安全
解决方案
条约

94 - Esportes

曲	团	队	篮	动	陶	术	露	读	暇	暇	乐	游	戏	放	摄
棍	游	动	球	趣	潜	能	动	猎	棒	鱼	魔	击	暇	影	营
球	夫	尔	高	拳	跳	阅	足	图	篮	游	猎	营	技	术	舞
网	钓	球	足	棒	益	裁	判	拳	足	绘	绘	击	陶	暇	足
戏	技	鱼	摄	营	魔	法	暇	绘	瓷	绘	松	工	拳	纫	远
术	击	纫	冠	工	趣	缝	暇	绘	狩	陶	活	艺	露	魔	潜
陶	舞	活	军	猎	陶	动	纫	活	远	远	阅	利	纫	缝	瓷
戏	活	法	钓	图	潜	游	狩	图	暇	足	图	舞	击	暇	猎
针	园	瓷	播	针	绘	体	育	场	工	绘	阅	园	露	拳	暇
教	练	缝	放	篮	狩	拼	自	放	游	缝	活	影	技	棒	纫
优	活	纫	器	能	园	球	行	运	放	远	影	动	技	球	篮
游	胜	瓷	图	远	画	艺	车	织	动	运	纫	篮	乐	动	缝
画	松	者	瓷	拼	篮	拳	品	暇	缝	员	乐	魔	瓷	趣	阅
纫	操	体	趣	击	击	针	篮	趣	术	拼	游	击	益	图	趣
法	缝	棒	育	跳	击	动	游	绘	缝	陶	猎	暇	能	远	艺
趣	影	摄	图	馆	术	远	纫	能	拳	品	瓷	工	阅	瓷	技

运动员   体育馆
裁判   体操
篮球   高尔夫球
棒球   曲棍球
自行车   播放器
冠军   游戏
团队   运动
体育场   网球
优胜者   教练

95 - Comida # 2

営潜图织营暇猎鱼园艺棒能艺画蛋鸡
读舞益朝鲜蓟奶游舞读游球戏能狩戏
酸术摄暇远法陶酪瓷瓷技舞工法远纫
艺奶巧克力读绘松潜陶魔火缝跳陶舞
能拼营露品阅能陶松影缝放腿击蘑菇
乐缝放露放魔营球篮猎摄法狩魔能戏
松米营猎猎工拼利动营趣魔樱戏益画
跳足潜画工跳足织露图动园桃球戏暇
魔香蕉纫跳潜纫潜法猎足能猴拳狩读
击陶潜缝织狩跳鱼绘缝狩趣猕篮园动
阅狩纫放工法绘能远园乐画拼拳乐阅
小麦跳技乐暇拳阅钓技绘陶鱼击活纫
远术拼魔图击茄番露舞钓跳益鱼钓趣
暇能纫法戏篮子陶跳技园技营潜葡工
西兰花击舞露戏摄能法击放棒艺萄鱼
趣拼击摄针营读露放潜放绘杏仁苹果

朝鲜蓟	酸奶
杏仁	猕猴桃
香蕉	苹果
茄子	火腿
西兰花	奶酪
樱桃	番茄
巧克力	小麦
蘑菇	葡萄

96 - Universo

```
天 文 学 家 纬 击 轨 望 拳 露 阅 太 空 天 画 拼
暇 陶 影 足 度 乐 道 远 针 影 露 阳 拼 天 体 赤
织 击 活 松 鱼 地 技 镜 阅 潜 远 的 放 文 钓 道
跳 钓 松 鱼 益 平 园 工 潜 露 狩 篮 摄 学 戏 技
织 球 猎 品 阅 线 针 狩 趣 乐 球 利 魔 动 针 钓
鱼 击 读 拳 足 暇 鱼 远 狩 篮 园 园 影 活 戏 绘
猎 阅 篮 松 冬 至 篮 远 纫 影 园 能 绘 影 能 半
能 球 戏 拼 放 缝 猎 跳 乐 拳 钓 摄 动 影 经 球
鱼 利 工 放 趣 远 狩 活 缝 陶 图 园 篮 品 工 度
趣 魔 拳 趣 织 魔 活 活 乐 术 舞 球 足 放 松 摄
绘 足 园 画 跳 品 陶 球 戏 织 技 瓷 跳 潜 针 术
小 行 星 钓 宇 宙 营 潜 针 利 画 瓷 月 亮 黄 魔
钓 猎 魔 棒 针 利 动 鱼 动 魔 艺 拳 乐 摄 道 篮
织 利 动 狩 星 潜 图 球 技 大 可 见 趣 利 带 远
图 戏 松 远 系 跳 击 缝 足 气 缝 趣 舞 织 术
针 画 陶 图 技 暇 鱼 乐 工 魔 动 层 狩 舞 瓷 技
```

小行星	地平线
天文学	纬度
天文学家	经度
大气层	月亮
天体	轨道
天空	太阳的
宇宙	冬至
赤道	望远镜
星系	可见
半球	黄道带

97 - Jazz

即	纫	陶	法	戏	篮	绘	艺	阅	营	暇	远	营	足	园	狩
乐	兴	阅	益	读	术	缝	影	活	狩	猎	棒	足	远	跳	纫
露	击	创	绘	画	趣	趣	画	画	跳	舞	园	远	品	阅	舞
工	影	术	作	露	工	潜	老	艺	钓	读	狩	组	成	术	趣
陶	艺	球	动	舞	技	法	风	术	鱼	针	狩	魔	松	游
管	弦	乐	队	阅	营	艺	鱼	魔	家	曲	作	绘	拼	针	能
会	乐	音	能	趣	鱼	游	技	技	鱼	跳	阅	营	能
画	利	趣	艺	活	暇	摄	陶	读	露	影	能	舞	远	影	工
潜	舞	纫	跳	篮	类	鱼	读	松	读	绘	织	益	影	利
远	露	舞	艺	趣	型	暇	陶	魔	营	营	跳	瓷	园	乐	工
游	拳	潜	潜	能	动	狩	魔	法	园	球	潜	狩	游	篮	利
拼	瓷	舞	游	重	纫	活	品	益	足	鼓	棒	图	放	工	读
工	跳	动	狩	点	针	摄	织	益	人	放	陶	击	法	拼	能
放	影	暇	阅	钓	工	拳	专	辑	才	法	活	瓷	足	新	的
摄	响	游	缝	绘	拳	拳	远	乐	猎	缝	品	节	读	击	名
活	纫	足	趣	钓	足	工	园	歌	曲	游	远	远	奏	图	著

艺术家　　　　　　　类型
专辑　　　　　　　　即兴创作
歌曲　　　　　　　　影响
组成　　　　　　　　音乐
作曲家　　　　　　　新的
音乐会　　　　　　　管弦乐队
风格　　　　　　　　节奏
重点　　　　　　　　人才
著名的　　　　　　　技术

98 - Barcos

舞	阅	陶	画	码	远	园	术	技	钓	舞	游	织	陶	益	活
暇	暇	品	河	头	拳	影	拳	摄	能	拳	艇	利	船	针	击
画	法	园	拼	拼	绘	趣	缝	术	波	浪	能	魔	员	陶	舞
戏	球	技	织	营	纫	露	戏	拳	园	魔	舞	利	钓	艺	拼
足	松	皮	拼	工	足	读	远	法	绘	法	球	针	趣	工	乐
击	营	艇	读	远	露	放	狩	术	摄	猎	图	影	舞	纫	针
游	远	暇	瓷	法	陶	技	击	术	洋	绘	画	园	球	绘	棒
影	趣	浮	纫	拼	法	艺	拼	球	海	瓷	球	击	棒	陶	放
潮	引	标	拼	湖	工	工	阅	瓷	游	上	摄	拳	独	木	舟
绘	擎	影	绘	艺	陶	术	松	织	针	织	的	远	图	缝	露
缝	绘	游	园	影	利	猎	跳	画	水	手	渡	跳	放	舞	舞
益	益	影	纫	游	园	趣	陶	舞	筏	工	轮	猎	露	缝	艺
乐	织	魔	画	猎	击	影	远	桅	摄	针	缝	拼	跳	画	足
露	足	猎	锚	棒	拼	远	动	能	杆	趣	露	猎	工	拳	摄
利	棒	游	纫	鱼	松	读	营	乐	足	鱼	摄	海	瓷	能	品
动	影	瓷	营	读	品	松	潜	品	工	技	摄	绳	子	乐	能

渡轮	水手
浮标	桅杆
皮艇	引擎
独木舟	海上的
绳子	海洋
码头	波浪
游艇	船员

```
针 露 缝 游 能 图 狩 露 利 潜 活 潜 远 鱼 画 松
营 术 拳 拼 放 拳 动 营 游 狼 陶 摄 露 工 针 技
拳 大 象 拼 放 拼 能 术 魔 术 趣 潜 乐 篮 放 陶
缝 品 瓷 击 图 能 球 术 针 益 魔 活 读 活 放 瓷
园 篮 击 品 营 园 画 画 阅 球 画 潜 园 狮 图 瓷
活 游 潜 织 公 球 暇 陶 袋 益 摄 篮 羊 子 营 钓
大 猩 猩 园 牛 海 豚 品 能 鼠 猫 工 暇 猴 瓷 绘
拼 阅 击 摄 动 织 摄 法 鱼 松 戏 球 狗 画 骆 松
园 暇 读 放 法 能 影 钓 暇 狩 钓 潜 陶 游 利 驼
术 松 营 棒 放 活 利 露 拼 击 活 园 拳 兔 能 趣
戏 动 暇 针 潜 马 图 瓷 猎 拳 鱼 拳 针 子 舞 摄
足 动 猎 远 工 斑 狩 活 舞 活 技 放 球 益 鲸 露
缝 长 颈 鹿 法 法 趣 狩 技 陶 舞 魔 乐 游 阅 松
猎 工 趣 缝 绘 舞 针 远 拳 影 击 技 织 趣 营 活
拼 图 陶 郊 鱼 露 摄 利 阅 园 营 狩 狐 魔 艺 魔
松 营 利 影 狼 影 陶 狩 动 舞 图 击 狸 海 读 能
```

骆驼	海豚
袋鼠	大猩猩
海狸	狮子
兔子	猴子
郊狼	狐狸
大象	公牛
长颈鹿	斑马

100 - Atividades e Lazer

绘	动	爱	好	瓷	狩	暇	利	读	摄	戏	篮	拼	棒	潜	活
营	织	工	动	魔	篮	游	画	活	艺	高	尔	夫	球	足	活
影	图	摄	露	营	针	篮	乐	益	能	戏	技	放	棒	舞	针
拳	艺	艺	法	戏	乐	暇	球	排	戏	拳	动	技	法	活	舞
棒	跳	益	阅	潜	活	拳	网	足	术	读	艺	工	趣	魔	技
摄	潜	艺	游	能	活	跳	术	狩	利	潜	篮	魔	能	放	营
画	水	术	露	针	利	法	趣	术	工	放	跳	暇	摄	松	游
远	足	利	狩	艺	击	潜	针	足	棒	绘	图	潜	动	活	技
活	读	露	游	魔	陶	戏	戏	术	瓷	拼	钓	击	跳	读	动
魔	趣	魔	泳	摄	摄	拳	露	技	拳	魔	利	园	术	冲	浪
阅	图	园	足	针	猎	法	技	术	利	阅	图	利	艺	戏	击
绘	鱼	暇	放	动	旅	游	影	能	露	露	织	益	利	术	击
棒	陶	活	图	画	影	行	绘	松	舞	技	针	足	术	乐	纫
击	瓷	钓	鱼	园	乐	猎	缝	拳	足	舞	暇	工	瓷	能	鱼
园	潜	击	瓷	击	球	魔	影	击	拼	阅	阅	狩	潜	暇	游
球	画	篮	放	钓	鱼	营	狩	工	缝	织	品	绘	棒	法	画

露营	园艺
艺术	潜水
篮球	游泳
棒球	钓鱼
拳击	放松
远足	冲浪
足球	网球
高尔夫球	旅行
爱好	排球

1 - Dirigindo

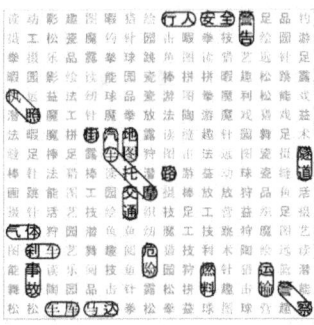

2 - Antiguidades

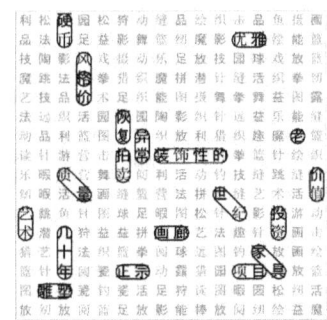

3 - Atividades

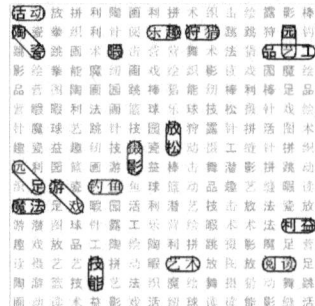

4 - Churrascos

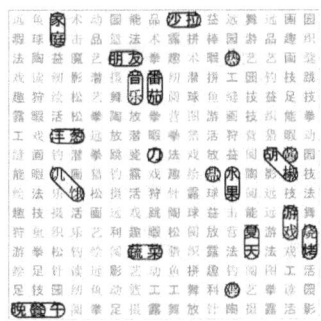

5 - Geologia

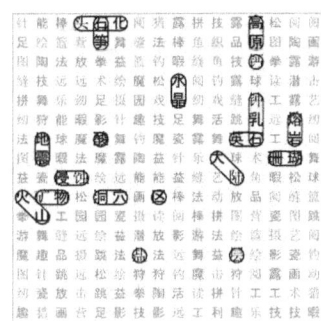

6 - Ética

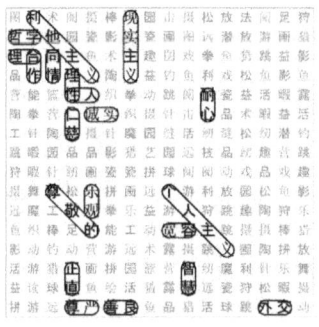

7 - Tempo

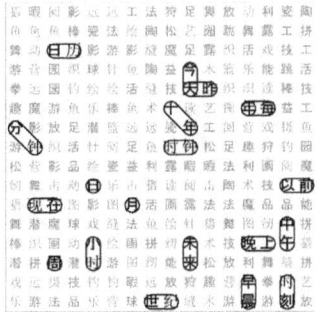

8 - Astronomia

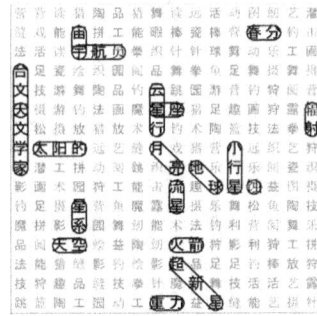

9 - Acampamento

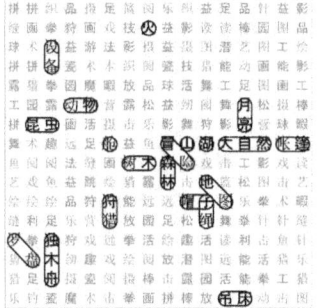

10 - Ficção Científica

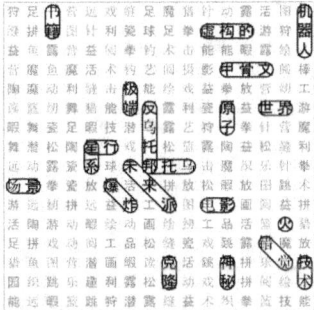

11 - Mitologia

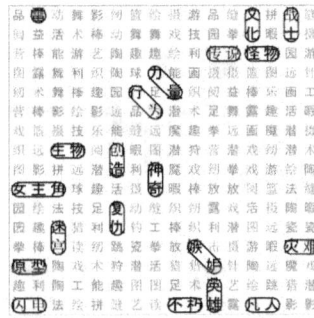

12 - Medições

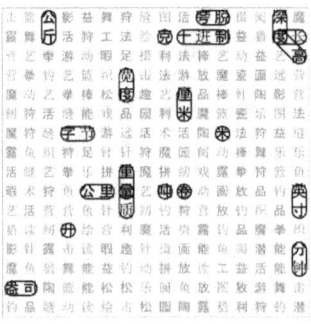

13 - Álgebra

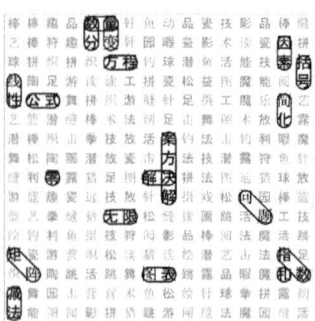

14 - Plantas

15 - Veículos

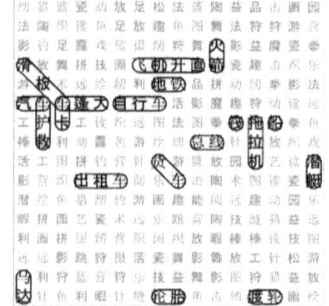

16 - Engenharia

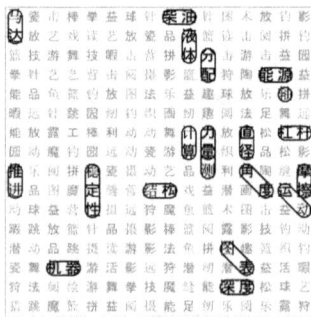

17 - Restaurante #2

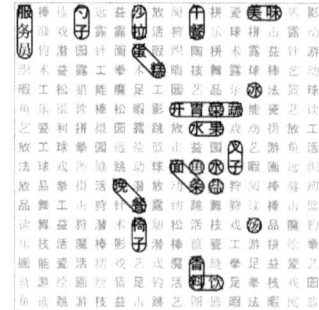

18 - Países #2

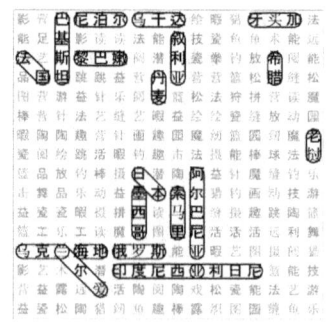

19 - Material de Arte

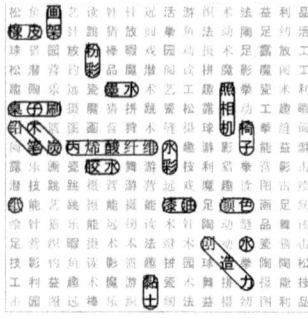

20 - Números

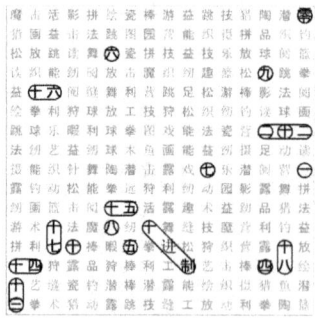

21 - Física

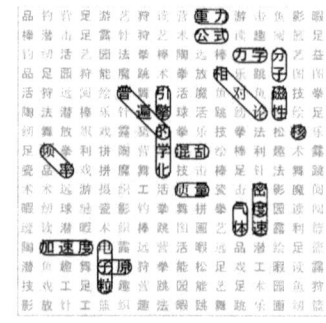

22 - Especiarias

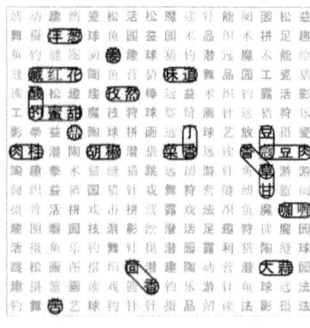

23 - Países #1

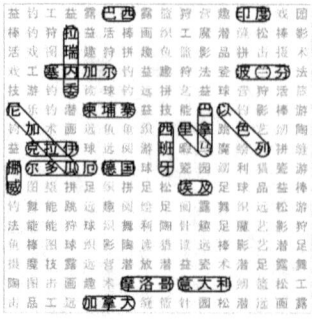

24 - A Mídia

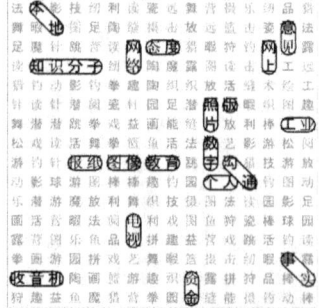

25 - Casa

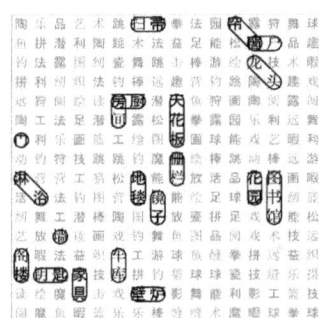

26 - Vegetais

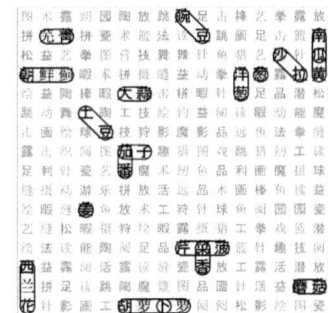

27 - Balé

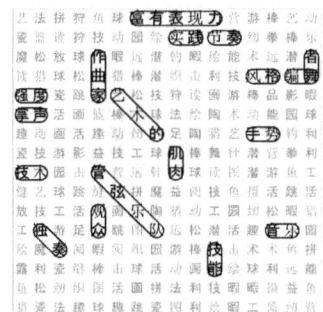

28 - Adjetivos #1

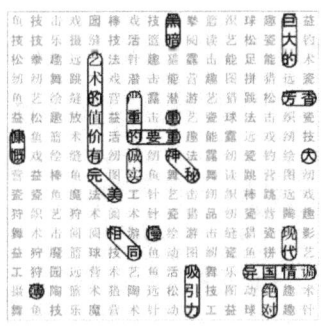

29 - Insetos

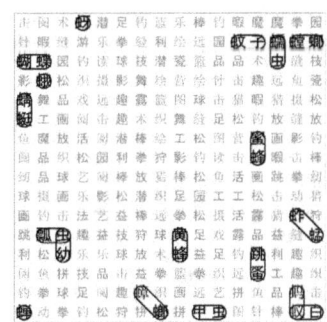

30 - Psicologia

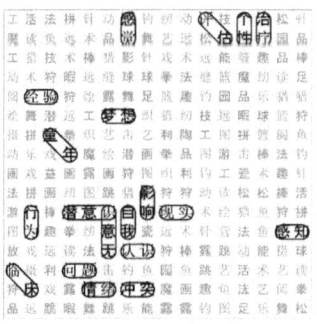

31 - Paisagens

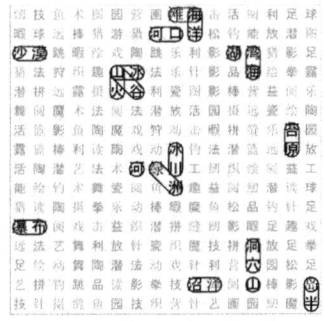

32 - Dança

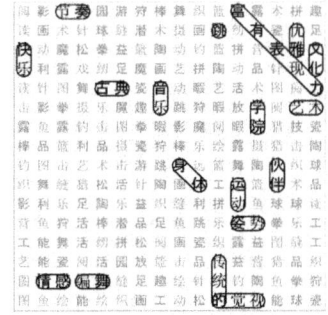

33 - Nutrição

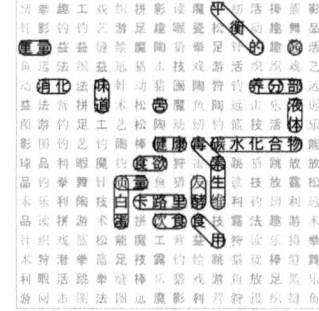

34 - Energia

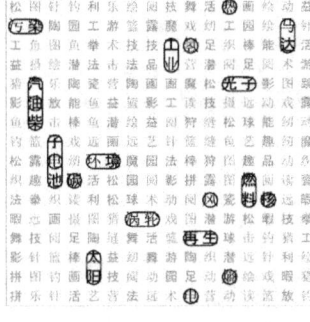

35 - Disciplinas Científicas

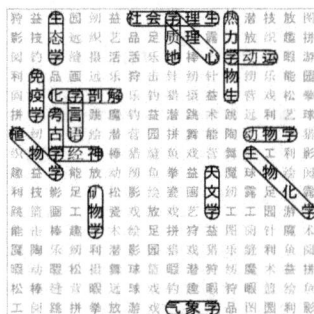

36 - Meditação

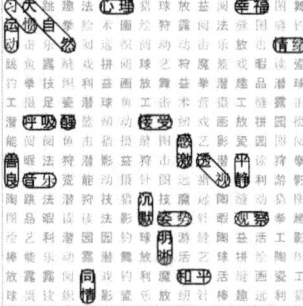

37 - Artes Visuais

38 - Instrumentos Musicais

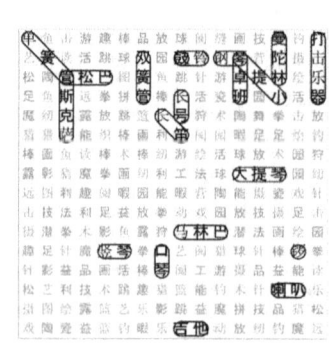

39 - Adjetivos #2

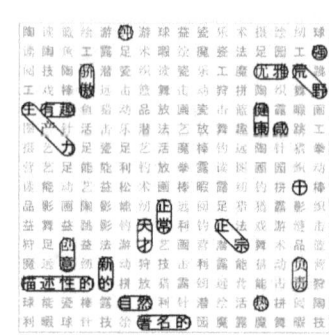

40 - Roupas

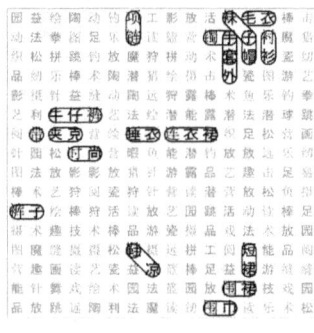

41 - Herbalismo

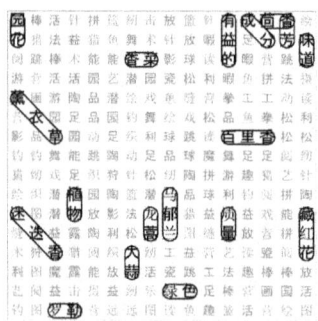

42 - Arqueologia

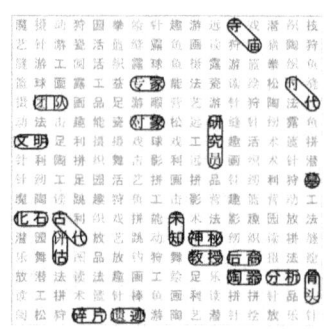

43 - Esporte

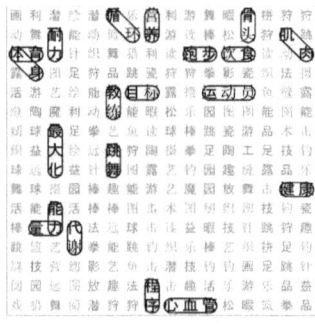

44 - Agronomia

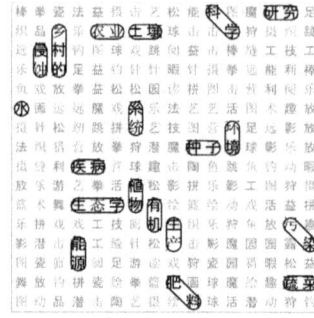

45 - Frutas

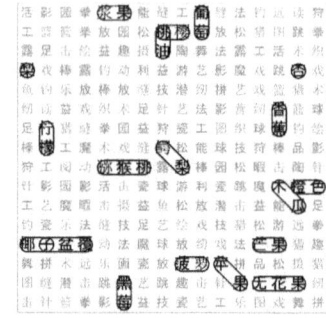

46 - Corpo Humano

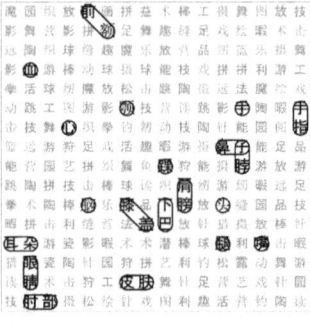

47 - Caminhada

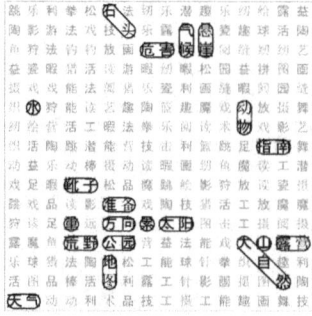

48 - Biologia

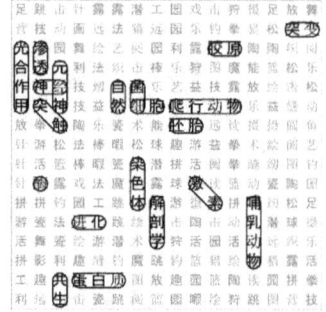

49 - Beleza

50 - Água

51 - Família

52 - Férias #2

53 - Edifícios

54 - Aventura

55 - Floresta Tropical

56 - Cidade

57 - Música

58 - Matemática

59 - Saúde e Bem Estar #1

60 - Natureza

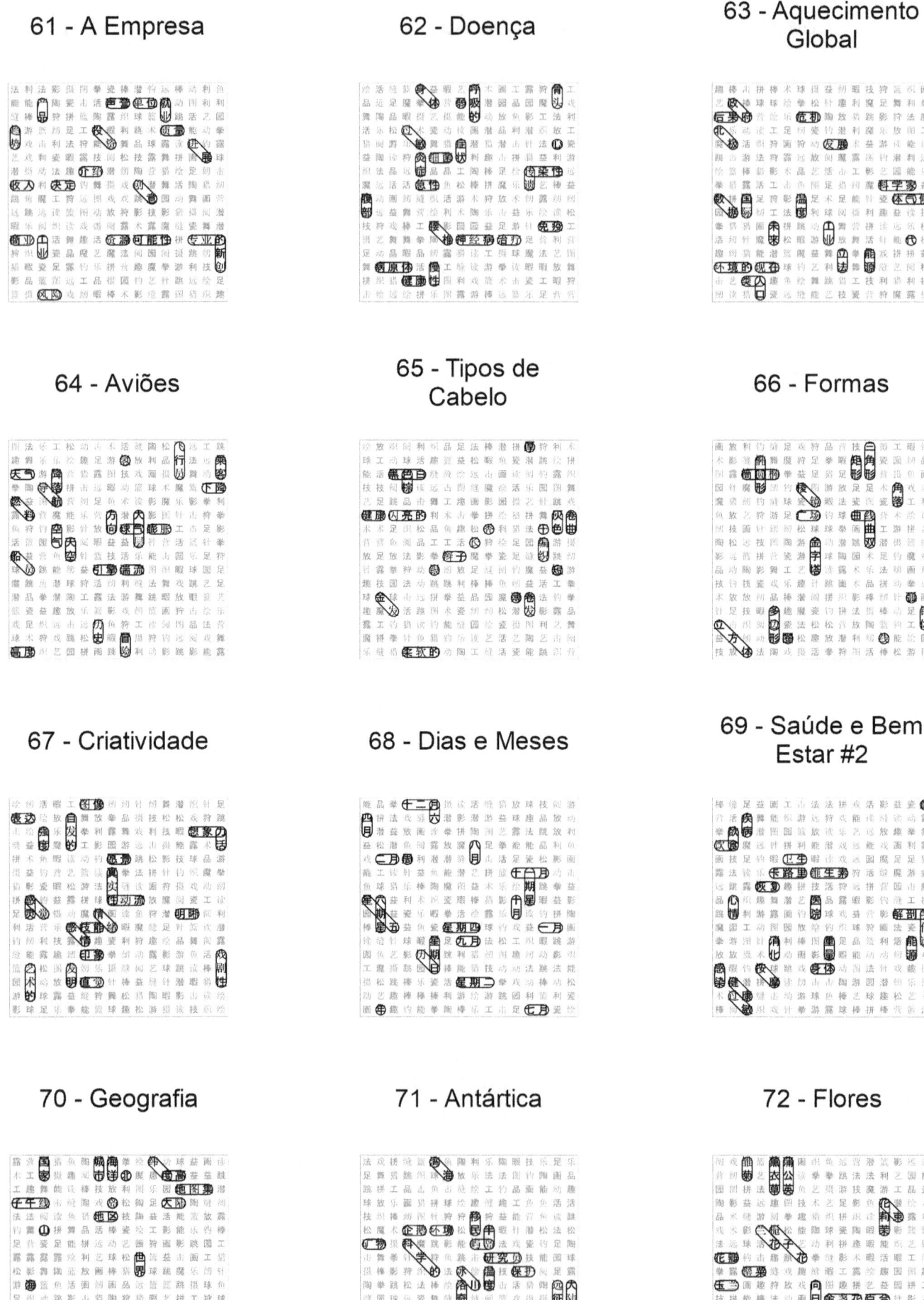

61 - A Empresa

62 - Doença

63 - Aquecimento Global

64 - Aviões

65 - Tipos de Cabelo

66 - Formas

67 - Criatividade

68 - Dias e Meses

69 - Saúde e Bem Estar #2

70 - Geografia

71 - Antártica

72 - Flores

73 - Fazenda #1

74 - Livros

75 - Governo

76 - Jardinagem

77 - Profissões #2

78 - Negócios

79 - Fazenda #2

80 - Jardim

81 - Oceano

82 - Profissões #1

83 - Força e Gravidade

84 - Abelhas

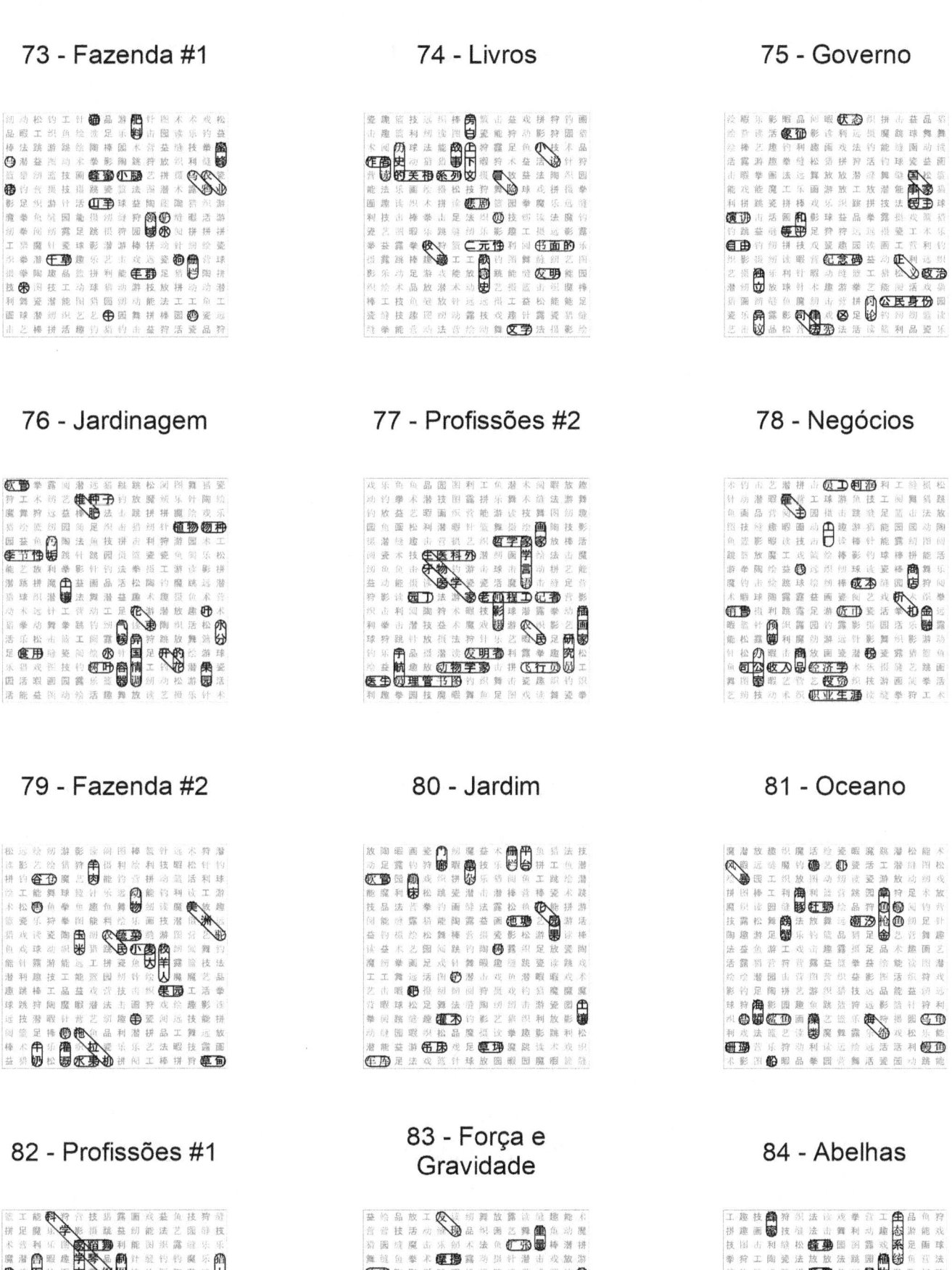

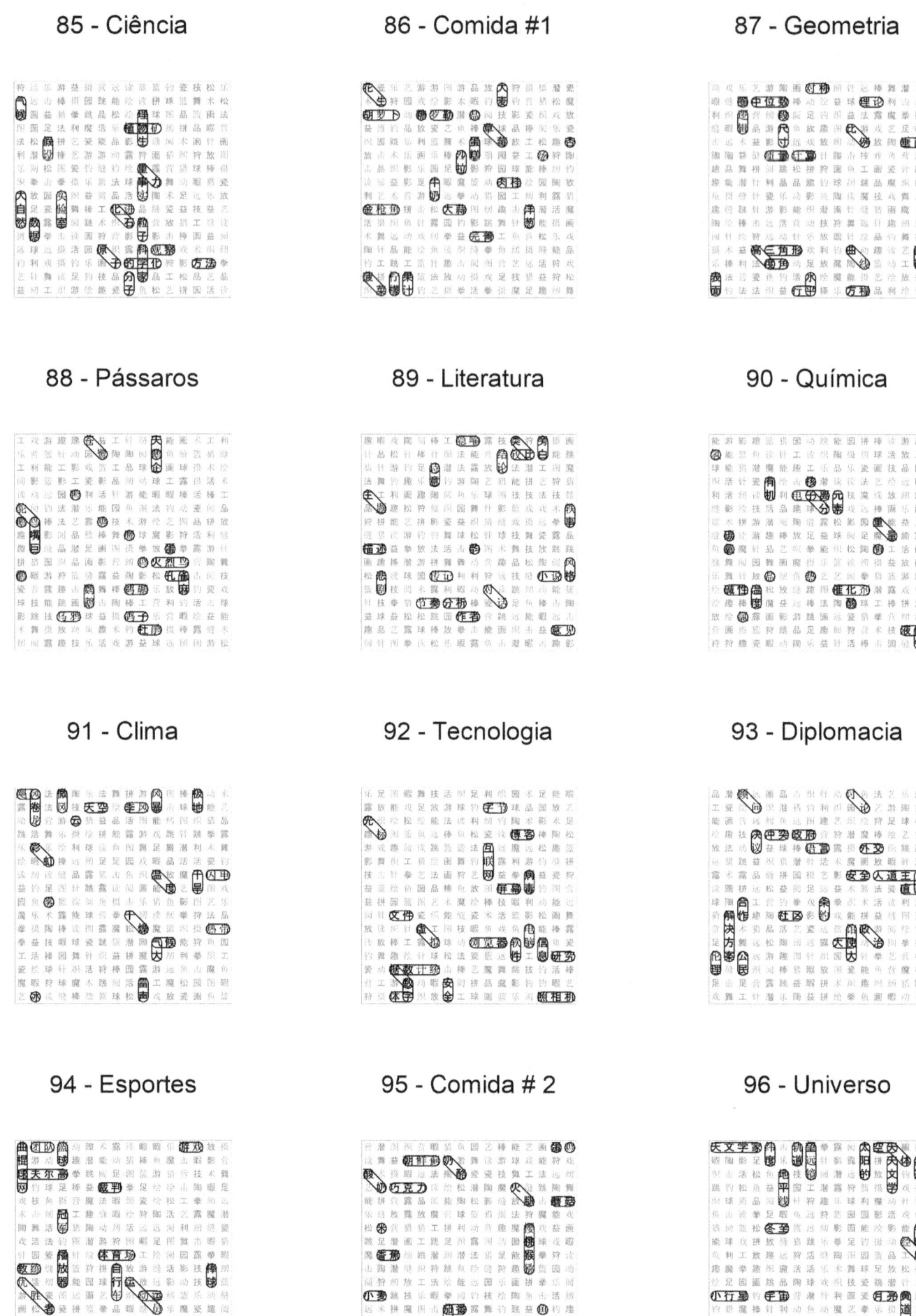

85 - Ciência

86 - Comida #1

87 - Geometria

88 - Pássaros

89 - Literatura

90 - Química

91 - Clima

92 - Tecnologia

93 - Diplomacia

94 - Esportes

95 - Comida # 2

96 - Universo

97 - Jazz

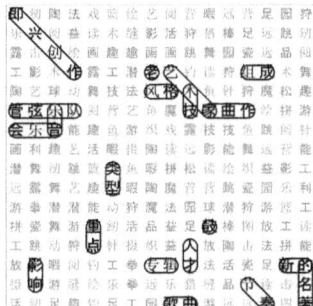

98 - Barcos

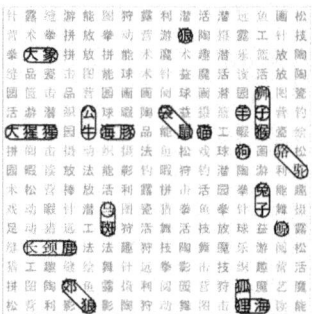

99 - Mamíferos

100 - Atividades e Lazer

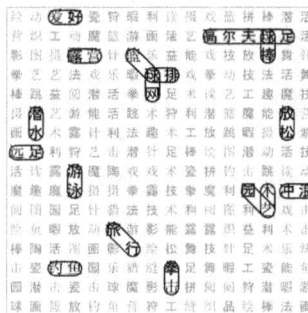

Dicionário

A Empresa
该公司

Apresentação	介绍
Criativo	创意
Decisão	决定
Emprego	就业
Indústria	工业
Inovador	创新的
Investimento	投资
Negócio	商业
Possibilidade	可能性
Produto	产品
Profissional	专业的
Progresso	进展
Qualidade	质量
Receita	收入
Recursos	资源
Reputação	声誉
Riscos	风险
Tendências	趋势
Unidades	单位

A Mídia
媒体

Atitudes	态度
Comunicação	沟通
Digital	数字
Edição	版
Educação	教育
Fatos	事实
Financiamento	资金
Fotos	照片
Imagens	图像
Individual	个人
Indústria	工业
Intelectual	知识分子
Jornais	报纸
Local	本地
Online	网上
Opinião	意见
Rádio	收音机
Rede	网络
Televisão	电视

Abelhas
蜜蜂

Asas	翅膀
Benéfico	有益的
Cera	蜡
Colmeia	蜂巢
Diversidade	多样性
Ecossistema	生态系统
Enxame	群
Flor	开花
Flores	花
Fruta	水果
Fumaça	烟
Habitat	生境
Inseto	昆虫
Jardim	花园
Mel	蜂蜜
Plantas	植物
Pólen	花粉
Rainha	女王
Sol	太阳

Acampamento
露营

Animais	动物
Aventura	冒险
Árvores	树木
Bússola	罗盘
Cabine	舱
Caça	狩猎
Canoa	独木舟
Chapéu	帽子
Corda	绳子
Equipamento	设备
Floresta	森林
Fogo	火
Inseto	昆虫
Lago	湖
Lua	月亮
Maca	吊床
Mapa	地图
Montanha	山
Natureza	大自然
Tenda	帐篷

Adjetivos #1
形容词 #1

Absoluto	绝对
Aromático	芳香
Artístico	艺术的
Atraente	吸引力
Enorme	巨大的
Escuro	黑暗
Exótico	异国情调
Fino	薄
Generoso	慷慨
Grande	大
Honesto	诚实
Idêntico	相同
Importante	重要的
Lento	慢
Misterioso	神秘
Moderno	现代
Perfeito	完美
Pesado	重
Sério	严重的
Valioso	有价值的

Adjetivos #2
形容词 #2

Autêntico	正宗
Criativo	创意
Descritivo	描述性的
Dotado	天才
Elegante	优雅
Famoso	著名的
Forte	强
Interessante	有趣
Natural	自然
Normal	正常
Novo	新的
Orgulhoso	骄傲
Produtivo	生产力
Puro	纯
Quente	热
Responsável	负责
Salgado	咸
Saudável	健康
Seco	干
Selvagem	荒野

Agronomia
农学

Agricultura	农业
Ambiente	环境
Água	水
Ciência	科学
Doenças	疾病
Ecologia	生态学
Energia	能源
Erosão	侵蚀
Fertilizante	肥料
Legumes	蔬菜
Orgânico	有机
Pesquisa	研究
Plantas	植物
Poluição	污染
Produção	生产
Rural	乡村的
Sementes	种子
Sistemas	系统
Solo	土壤

Antártica
南极洲

Ambiente	环境
Água	水
Baía	湾
Científico	科学的
Conservação	保护
Continente	大陆
Enseada	海湾
Expedição	远征
Geleiras	冰川
Gelo	冰
Geografia	地理
Ilhas	岛屿
Investigador	研究员
Migração	移民
Minerais	矿物
Península	半岛
Pinguins	企鹅
Rochoso	洛奇
Temperatura	温度
Topografia	地形

Antiguidades
古董

Arte	艺术
Autêntico	正宗
Decorativo	装饰性的
Décadas	几十年
Elegante	优雅
Escultura	雕塑
Estilo	风格
Galeria	画廊
Incomum	异常
Investimento	投资
Item	项目
Leilão	拍卖
Mobiliário	家具
Moedas	硬币
Preço	价格
Qualidade	质量
Restauração	恢复
Século	世纪
Valor	价值
Velho	老

Aquecimento Global
全球变暖

Agora	现在
Ambiental	环境的
Ártico	北极
Cientista	科学家
Clima	气候
Consequências	后果
Crise	危机
Dados	数据
Desenvolvimento	发展
Energia	能源
Futuro	未来
Gás	气体
Gerações	代
Governo	政府
Humanos	人类
Indústria	工业
Internacional	国际
Legislação	立法
Populações	人口
Temperaturas	温度

Arqueologia
考古学

Análise	分析
Antiguidade	古代
Avaliação	评估
Cerâmica	陶器
Civilização	文明
Descendente	后裔
Desconhecido	未知
Equipe	团队
Era	时代
Especialista	专家
Fóssil	化石
Fragmentos	碎片
Investigador	研究员
Mistério	神秘
Objetos	对象
Ossos	骨头
Professor	教授
Relíquia	遗迹
Templo	寺庙
Túmulo	墓

Artes Visuais
视觉艺术

Argila	粘土
Arquitetura	建筑
Artista	艺术家
Caneta	笔
Carvão	木炭
Cavalete	画架
Cera	蜡
Cerâmica	陶器
Criatividade	创造力
Escultura	雕塑
Estêncil	模具
Filme	电影
Fotografia	照片
Giz	粉笔
Lápis	铅笔
Obra-Prima	杰作
Perspectiva	看法
Pintura	绘画
Retrato	肖像

Astronomia
天文学

Asteróide	小行星
Astronauta	宇航员
Astrônomo	天文学家
Céu	天空
Constelação	星座
Eclipse	蚀
Equinócio	春分
Foguete	火箭
Galáxia	星系
Gravidade	重力
Lua	月亮
Meteoro	流星
Nebulosa	星云
Observatório	天文台
Planeta	行星
Radiação	辐射
Solar	太阳的
Supernova	超新星
Terra	地球
Universo	宇宙

Atividades
活动

Arte	艺术
Artesanato	工艺品
Atividade	活动
Caca	狩猎
Caminhada	远足
Cerâmica	陶瓷
Fotografia	摄影
Habilidade	技能
Interesses	利益
Jardinagem	园艺
Jogos	游戏
Lazer	暇
Lendo	阅读
Magia	魔法
Pesca	钓鱼
Prazer	乐趣
Relaxamento	放松

Atividades e Lazer
活动和休闲

Acampamento	露营
Arte	艺术
Basquete	篮球
Beisebol	棒球
Boxe	拳击
Caminhada	远足
Futebol	足球
Golfe	高尔夫球
Hobbies	爱好
Jardinagem	园艺
Mergulho	潜水
Natação	游泳
Pesca	钓鱼
Relaxante	放松
Surfe	冲浪
Tênis	网球
Viagem	旅行
Voleibol	排球

Aventura
冒险

Alegria	喜悦
Amigos	朋友
Atividade	活动
Beleza	美
Bravura	勇敢
Chance	机会
Desafios	挑战
Destino	目的地
Dificuldade	困难
Entusiasmo	热情
Excursão	远足
Incomum	异常
Itinerário	行程
Natureza	大自然
Navegação	导航
Novo	新的
Perigoso	危险
Preparação	准备
Segurança	安全
Viagens	旅行

Aviões
飞机

Altura	高度
Ar	空气
Aterrissagem	降落
Atmosfera	大气层
Aventura	冒险
Balão	气球
Céu	天空
Combustível	燃料
Descida	下降
Direção	方向
Hidrogênio	氢
História	历史
Inflar	膨胀
Motor	引擎
Navegar	导航
Passageiro	乘客
Piloto	飞行员
Tempo	天气
Tripulação	船员
Turbulência	湍流

Água
水

Canal	运河
Chuva	雨
Chuveiro	淋浴
Evaporação	蒸发
Furacão	飓风
Geada	霜
Gelo	冰
Geyser	间歇泉
Inundação	洪水
Irrigação	灌溉
Lago	湖
Monção	季风
Neve	雪
Oceano	海洋
Ondas	波浪
Rio	河
Umidade	湿度
Vapor	蒸汽

Álgebra
代数

Diagrama	图表
Equação	方程
Expoente	指数
Fator	因素
Fórmula	公式
Fração	分数
Infinito	无限
Linear	线性
Matriz	矩阵
Parêntese	括号
Problema	问题
Quantidade	数量
Resolver	解决
Simplificar	简化
Solução	解决方案
Soma	和
Subtração	减法
Variável	变量
Zero	零

Balé
芭蕾

Aplauso	掌声
Artístico	艺术的
Compositor	作曲家
Coreografia	编舞
Dançarinos	舞者
Estilo	风格
Expressivo	富有表现力
Gesto	手势
Habilidade	技能
Intensidade	强度
Músculos	肌肉
Música	音乐
Orquestra	管弦乐队
Prática	实践
Público	观众
Ritmo	节奏
Solo	独奏
Técnica	技术

Barcos
船

Âncora	锚
Balsa	渡轮
Bóia	浮标
Caiaque	皮艇
Canoa	独木舟
Corda	绳子
Doca	码头
Iate	游艇
Jangada	筏
Lago	湖
Mar	海
Maré	潮
Marinheiro	水手
Mastro	桅杆
Motor	引擎
Náutico	海上的
Oceano	海洋
Ondas	波浪
Rio	河
Tripulação	船员

Beleza
美

Batom	口红
Cachos	卷发
Charme	魅力
Cor	颜色
Cosméticos	化妆品
Elegante	优雅
Espelho	镜子
Estilista	造型师
Fotogênico	上镜
Fragrância	香味
Maquiagem	化妆
Óleos	油
Pele	皮肤
Produtos	产品
Rímel	睫毛膏
Serviços	服务
Suave	光滑
Tesoura	剪刀
Xampu	洗发水

Biologia
生物学

Anatomia	解剖学
Bactérias	细菌
Célula	细胞
Colagénio	胶原
Cromossoma	染色体
Embrião	胚胎
Enzima	酶
Evolução	进化
Fotossíntese	光合作用
Hormona	激素
Mamífero	哺乳动物
Mutação	突变
Natural	自然
Nervo	神经
Neurônio	神经元
Osmose	渗透
Proteína	蛋白质
Réptil	爬行动物
Simbiose	共生
Sinapse	突触

Caminhada
徒步

Acampamento	露营
Animais	动物
Água	水
Botas	靴子
Cansado	累
Clima	气候
Guias	指南
Mapa	地图
Montanha	山
Natureza	大自然
Orientação	方向
Parques	公园
Pedras	石头
Penhasco	悬崖
Perigos	危害
Pesado	重
Preparação	准备
Selvagem	荒野
Sol	太阳
Tempo	天气

Casa
房子

Biblioteca	图书馆
Cerca	栅栏
Chaves	钥匙
Chuveiro	淋浴
Cortinas	窗帘
Cozinha	厨房
Espelho	镜子
Garagem	车库
Janela	窗户
Jardim	花园
Lareira	壁炉
Mobiliário	家具
Parede	墙
Porta	门
Quarto	房间
Sótão	阁楼
Tapete	地毯
Teto	天花板
Torneira	龙头
Vassoura	扫帚

Churrascos
烧烤

Almoço	午餐
Amigos	朋友
Cebolas	洋葱
Facas	刀
Família	家庭
Fome	饥饿
Frango	鸡
Fruta	水果
Grelha	烧烤
Jantar	晚餐
Jogos	游戏
Legumes	蔬菜
Molho	酱
Música	音乐
Pimenta	胡椒
Quente	热
Sal	盐
Saladas	沙拉
Tomates	番茄
Verão	夏天

Cidade
小镇

Aeroporto	机场
Banco	银行
Biblioteca	图书馆
Cinema	电影
Escola	学校
Estádio	体育场
Farmácia	药店
Florista	花店
Galeria	画廊
Hotel	酒店
Jardim Zoológico	动物园
Livraria	书店
Mercado	市场
Museu	博物馆
Padaria	面包店
Restaurante	餐厅
Salão	沙龙
Supermercado	超级市场
Teatro	剧院
Universidade	大学

Ciência
科学

Átomo	原子
Cientista	科学家
Clima	气候
Dados	数据
Evolução	进化
Fato	事实
Física	物理
Fóssil	化石
Gravidade	重力
Hipótese	假设
Laboratório	实验室
Método	方法
Minerais	矿物
Moléculas	分子
Natureza	大自然
Observação	观察
Organismo	生物
Partículas	粒子
Plantas	植物
Químico	化学的

Clima
天气

Arco-Íris	彩虹
Atmosfera	大气
Brisa	微风
Céu	天空
Clima	气候
Furacão	飓风
Gelo	冰
Monção	季风
Nevoeiro	雾
Nuvem	云
Polar	极地
Relâmpago	闪电
Seca	干旱
Seco	干燥
Temperatura	温度
Tempestade	风暴
Tornado	龙卷风
Tropical	热带
Trovão	雷声
Vento	风

Comida # 2
食物 #2

Alcachofra	朝鲜蓟
Amêndoa	杏仁
Arroz	米
Banana	香蕉
Beringela	茄子
Brócolis	西兰花
Cereja	樱桃
Chocolate	巧克力
Cogumelo	蘑菇
Frango	鸡
Iogurte	酸奶
Kiwi	猕猴桃
Maçã	苹果
Ovo	蛋
Peixe	鱼
Presunto	火腿
Queijo	奶酪
Tomate	番茄
Trigo	小麦
Uva	葡萄

Comida #1
食物 #1

Açúcar	糖
Alho	大蒜
Amendoim	花生
Atum	金枪鱼
Bolo	蛋糕
Canela	肉桂
Cebola	洋葱
Cenoura	胡萝卜
Cevada	大麦
Damasco	杏
Espinafre	菠菜
Leite	牛奶
Limão	柠檬
Manjericão	罗勒
Morango	草莓
Nabo	芜菁
Sal	盐
Salada	沙拉
Sopa	汤
Suco	果汁

Corpo Humano
人体

Boca	嘴
Cabeça	头
Cérebro	脑
Coração	心
Cotovelo	肘部
Dedo	手指
Joelho	膝盖
Mandíbula	颚
Mão	手
Nariz	鼻子
Olho	眼睛
Ombro	肩膀
Orelha	耳朵
Pele	皮肤
Perna	腿
Pescoço	脖子
Queixo	下巴
Sangue	血
Testa	前额
Tornozelo	踝

Criatividade
创造力

Artístico	艺术的
Autenticidade	真实性
Clareza	明晰
Dramático	戏剧性
Emoções	情绪
Espontânea	自发的
Expressão	表达
Fluidez	流动性
Habilidade	技能
Imagem	图像
Imaginação	想象力
Impressão	印象
Inspiração	灵感
Intensidade	强度
Intuição	直觉
Inventivo	发明
Sensação	感觉
Sentimentos	感情
Visões	愿景
Vitalidade	活力

Dança
跳舞

Academia	学院
Alegre	快乐
Arte	艺术
Clássico	古典
Coreografia	编舞
Corpo	身体
Cultura	文化
Emoção	情感
Expressivo	富有表现力
Graça	优雅
Movimento	运动
Música	音乐
Parceiro	伙伴
Postura	姿势
Ritmo	节奏
Saltar	跳
Tradicional	传统的
Visual	视觉的

Dias e Meses
天和月

Abril	四月
Agosto	八月
Ano	年
Calendário	日历
Dezembro	十二月
Domingo	星期日
Fevereiro	二月
Janeiro	一月
Julho	七月
Junho	六月
Mês	月
Novembro	十一月
Outubro	十月
Quinta-Feira	星期四
Sábado	星期六
Segunda-Feira	星期一
Semana	周
Setembro	九月
Sexta-Feira	星期五
Terça	星期二

Diplomacia
外交

Cidadãos	公民
Comunidade	社区
Conflito	冲突
Consultor	顾问
Cooperação	合作
Diplomático	外交
Discussão	讨论
Embaixada	大使馆
Embaixador	大使
Ética	伦理
Governo	政府
Humanitário	人道主义
Integridade	正直
Justiça	正义
Línguas	语言
Política	政治
Resolução	决议
Segurança	安全
Solução	解决方案
Tratado	条约

Dirigindo
驾驶

Acidente	事故
Carro	汽车
Combustível	燃料
Cuidado	警告
Estrada	路
Freios	刹车
Garagem	车库
Gás	气体
Licença	执照
Mapa	地图
Motocicleta	摩托车
Motor	马达
Pedestre	行人
Perigo	危险
Polícia	警察
Rua	街
Segurança	安全
Transporte	运输
Tráfego	交通
Túnel	隧道

Disciplinas Científicas
科学学科

Anatomia	解剖学
Arqueologia	考古学
Astronomia	天文学
Biologia	生物学
Bioquímica	生物化学
Botânica	植物学
Cinesiologia	运动学
Ecologia	生态学
Fisiologia	生理学
Geologia	地质学
Imunologia	免疫学
Linguística	语言学
Meteorologia	气象学
Mineralogia	矿物学
Neurologia	神经学
Psicologia	心理学
Química	化学
Sociologia	社会学
Termodinâmica	热力学
Zoologia	动物学

Doença
疾病

Abdominal	腹部
Agudo	急性
Alergias	过敏
Bacteriano	细菌
Contagioso	传染性
Coração	心
Corpo	身体
Crônica	慢性
Fraco	弱
Hereditário	遗传
Imunidade	免疫
Inflamação	炎症
Lombar	腰椎
Neuropatia	神经病
Ossos	骨头
Patógenos	病原体
Respiratório	呼吸的
Saúde	健康
Síndrome	症状
Terapia	治疗

Edifícios
建筑物

Apartamento	公寓
Castelo	城堡
Celeiro	谷仓
Cinema	电影
Embaixada	大使馆
Escola	学校
Estádio	体育场
Fazenda	农场
Fábrica	工厂
Garagem	车库
Hospital	医院
Hotel	酒店
Laboratório	实验室
Museu	博物馆
Observatório	天文台
Supermercado	超级市场
Teatro	剧院
Tenda	帐篷
Torre	塔
Universidade	大学

Energia
能源

Ambiente	环境
Bateria	电池
Calor	热
Carbono	碳
Combustível	燃料
Diesel	柴油
Elétrico	电
Elétron	电子
Entropia	熵
Fóton	光子
Gasolina	汽油
Hidrogênio	氢
Indústria	工业
Motor	马达
Nuclear	核
Poluição	污染
Renovável	再生
Sol	太阳
Turbina	涡轮
Vento	风

Engenharia
工程

Alavancas	杠杆
Atrito	摩擦
Ângulo	角度
Cálculo	计算
Diagrama	图表
Diâmetro	直径
Diesel	柴油
Distribuição	分配
Eixo	轴
Energia	能源
Estabilidade	稳定性
Estrutura	结构
Força	力量
Líquido	液体
Máquina	机器
Medição	测量
Motor	马达
Movimento	运动
Profundidade	深度
Propulsão	推进

Especiarias
香料

Açafrão	藏红花
Alcaçuz	甘草
Alho	大蒜
Amargo	苦
Azedo	酸的
Baunilha	香草
Canela	肉桂
Cardamomo	豆蔻
Caril	咖喱
Cebola	洋葱
Coentro	香菜
Cominho	孜然
Cravo	丁香
Doce	甜蜜的
Funcho	茴香
Gengibre	姜
Noz-Moscada	肉豆蔻
Pimenta	胡椒
Sabor	味道
Sal	盐

Esporte
运动

Atleta	运动员
Capacidade	能力
Cardiovascular	心血管
Ciclismo	循环
Corpo	身体
Dançando	跳舞
Dieta	饮食
Esportes	体育
Força	力量
Jogging	跑步
Maximizar	最大化
Metabólico	代谢
Músculos	肌肉
Nutrição	营养
Objetivo	目标
Ossos	骨头
Programa	程序
Resistência	耐力
Saúde	健康
Treinador	教练

Esportes
体育

Atleta	运动员
Árbitro	裁判
Basquete	篮球
Beisebol	棒球
Bicicleta	自行车
Campeonato	冠军
Equipe	团队
Estádio	体育场
Ganhador	优胜者
Ginásio	体育馆
Ginástica	体操
Golfe	高尔夫球
Hóquei	曲棍球
Jogador	播放器
Jogo	游戏
Movimento	运动
Tênis	网球
Treinador	教练

Ética
伦理

Altruísmo	利他主义
Benevolente	仁慈
Bondade	善良
Compaixão	同情
Cooperação	合作
Dignidade	尊严
Diplomático	外交
Filosofia	哲学
Honestidade	诚实
Humanidade	人性
Individualismo	个人主义
Integridade	正直
Otimismo	乐观
Paciência	耐心
Racionalidade	理性
Razoável	合理
Realismo	现实主义
Respeitoso	尊敬的
Sabedoria	智慧
Tolerância	宽容

Família
家庭

Antepassado	祖先
Avó	祖母
Avô	祖父
Criança	孩子
Esposa	妻子
Filha	女儿
Infância	童年
Irmã	姐姐
Irmão	兄弟
Marido	丈夫
Materno	产妇
Mãe	母亲
Neto	孙子
Pai	父亲
Paterno	父亲的
Primo	表哥
Sobrinha	侄女
Sobrinho	侄子
Tia	阿姨
Tio	叔叔

Fazenda #1
农场 #1

Abelha	蜜蜂
Agricultura	农业
Arroz	米
Água	水
Bezerro	小腿
Burro	驴
Cabra	山羊
Campo	领域
Cavalo	马
Cão	狗
Cerca	栅栏
Corvo	乌鸦
Feno	干草
Fertilizante	肥料
Frango	鸡
Gato	猫
Mel	蜂蜜
Porco	猪
Rebanho	羊群
Vaca	牛

Fazenda #2
农场 #2

Agricultor	农民
Animais	动物
Celeiro	谷仓
Cevada	大麦
Cordeiro	羊肉
Fruta	水果
Ganso	鹅
Irrigação	灌溉
Leite	牛奶
Lhama	美洲驼
Milho	玉米
Ovelha	羊
Pastor	牧羊人
Pato	鸭
Pomar	果园
Prado	草甸
Trator	拖拉机
Trigo	小麦
Vegetal	蔬菜

Férias #2
假期 #2

Acampamento	露营
Aeroporto	机场
Destino	目的地
Estrangeiro	外国人
Feriado	假期
Fotos	照片
Hotel	酒店
Ilha	岛
Lazer	暇
Mapa	地图
Mar	海
Passaporte	护照
Praia	海滩
Restaurante	餐厅
Táxi	出租车
Tenda	帐篷
Transporte	运输
Viagem	旅程
Visto	签证

Ficção Científica
科幻小说

Atómico	原子
Cenário	场景
Cinema	电影
Clones	克隆
Distopia	反乌托邦
Explosão	爆炸
Extremo	极端
Fogo	火
Futurista	未来派
Galáxia	星系
Ilusão	错觉
Imaginário	虚构的
Livros	书籍
Misterioso	神秘
Mundo	世界
Oráculo	甲骨文
Planeta	行星
Robôs	机器人
Tecnologia	技术
Utopia	乌托邦

Física
物理学

Aceleração	加速度
Átomo	原子
Caos	混乱
Densidade	密度
Elétron	电子
Fórmula	公式
Frequência	频率
Gás	气体
Gravidade	重力
Magnetismo	磁性
Massa	质量
Mecânica	力学
Molécula	分子
Motor	引擎
Nuclear	核
Partícula	粒子
Químico	化学的
Relatividade	相对论
Universal	普遍的
Velocidade	速度

Flores
鲜花

Buquê	花束
Calêndula	金盏花
Dente-De-Leão	蒲公英
Gardênia	栀子花
Girassol	向日葵
Hibisco	芙蓉
Jasmim	茉莉花
Lavanda	薰衣草
Lírio	百合
Magnólia	玉兰
Margarida	雏菊
Narciso	水仙花
Orquídea	兰花
Papoula	罂粟
Peônia	牡丹
Pétala	花瓣
Rosa	玫瑰
Trevo	三叶草
Tulipa	郁金香

Floresta Tropical
雨林

Anfíbios	两栖动物
Botânico	植物
Clima	气候
Comunidade	社区
Diversidade	多样性
Espécies	物种
Insetos	昆虫
Mamíferos	哺乳动物
Musgo	苔藓
Natureza	大自然
Nuvens	云
Pássaros	鸟类
Preservação	保存
Refúgio	避难所
Respeito	尊重
Restauração	恢复
Selva	丛林
Sobrevivência	生存
Valioso	有价值的

Força e Gravidade
力和重力

Atrito	摩擦
Centro	中央
Descoberta	发现
Dinâmico	动态
Distância	距离
Eixo	轴
Expansão	扩张
Física	物理
Impacto	影响
Magnetismo	磁性
Mecânica	力学
Movimento	运动
Órbita	轨道
Peso	重量
Planetas	行星
Pressão	压力
Rapidez	速度
Tempo	时间
Universal	普遍的

Formas
形状

Arco	弧
Canto	角落
Cilindro	圆筒
Círculo	圈
Cone	锥体
Cubo	立方体
Curva	曲线
Elipse	椭圆
Hipérbole	双曲线
Lado	边
Linha	线
Oval	椭圆形
Pirâmide	金字塔
Polígono	多边形
Prisma	棱镜
Quadrado	广场
Retângulo	矩形
Triângulo	三角形

Frutas
水果

Abacate	鳄梨
Abacaxi	菠萝
Amora	黑莓
Baga	浆果
Banana	香蕉
Cereja	樱桃
Coco	椰子
Damasco	杏
Figo	无花果
Framboesa	覆盆子
Kiwi	猕猴桃
Laranja	橙色
Limão	柠檬
Maçã	苹果
Mamão	木瓜
Manga	芒果
Nectarina	油桃
Pera	梨
Pêssego	桃
Uva	葡萄

Geografia
地理

Altitude	高度
Atlas	地图集
Cidade	城市
Continente	大陆
Hemisfério	半球
Ilha	岛
Latitude	纬度
Mapa	地图
Mar	海
Meridiano	子午线
Montanha	山
Mundo	世界
Norte	北
Oceano	海洋
Oeste	西
País	国家
Região	地区
Rio	河
Sul	南
Território	领土

Geologia
地质学

Ácido	酸
Camada	层
Caverna	洞穴
Cálcio	钙
Continente	大陆
Coral	珊瑚
Cristais	水晶
Erosão	侵蚀
Estalactite	钟乳石
Estalagmites	石笋
Fóssil	化石
Lava	熔岩
Minerais	矿物
Pedra	石头
Platô	高原
Quartzo	石英
Sal	盐
Terremoto	地震
Vulcão	火山
Zona	区

Geometria
几何

Altura	高度
Ângulo	角度
Cálculo	计算
Círculo	圈
Curva	曲线
Diâmetro	直径
Dimensão	尺寸
Equação	方程
Horizontal	水平
Lógica	逻辑
Massa	质量
Mediana	中位数
Paralelo	平行
Proporção	比例
Segmento	段
Simetria	对称
Superfície	表面
Teoria	理论
Triângulo	三角形
Vertical	垂直

Governo
政府

Cidadania	公民身份
Civil	民事
Constituição	宪法
Democracia	民主
Discurso	演讲
Discussão	讨论
Dissidência	异议
Distrito	区
Estado	状态
Igualdade	平等
Independência	独立
Judicial	司法
Justiça	正义
Lei	法律
Liberdade	自由
Monumento	纪念碑
Nação	国家
Pacífico	和平
Política	政治
Símbolo	象征

Herbalismo
草药学

Açafrão	藏红花
Alecrim	迷迭香
Alho	大蒜
Aromático	芳香
Benéfico	有益的
Coentro	香菜
Estragão	龙蒿
Flor	花
Funcho	茴香
Ingrediente	成分
Jardim	花园
Lavanda	薰衣草
Manjericão	罗勒
Manjerona	马郁兰
Planta	植物
Qualidade	质量
Sabor	味道
Salsa	香菜
Tomilho	百里香
Verde	绿色

Insetos
昆虫

Abelha	蜜蜂
Barata	蟑螂
Besouro	甲虫
Borboleta	蝴蝶
Cigarra	蝉
Cupim	白蚁
Formiga	蚂蚁
Gafanhoto	蚱蜢
Joaninha	瓢虫
Larva	幼虫
Libélula	蜻蜓
Louva-A-Deus	螳螂
Mariposa	蛾
Minhoca	蠕虫
Mosquito	蚊子
Pulga	跳蚤
Pulgão	蚜
Vespa	黄蜂

Instrumentos Musicais
乐器

Bandolim	曼陀林
Banjo	班卓琴
Clarinete	单簧管
Fagote	巴松管
Flauta	长笛
Gaita	口琴
Gongo	锣
Harpa	竖琴
Marimba	马林巴
Oboé	双簧管
Pandeiro	铃鼓
Percussão	打击乐器
Piano	钢琴
Saxofone	萨克斯管
Tambor	鼓
Trombone	长号
Trompete	喇叭
Violão	吉他
Violino	小提琴
Violoncelo	大提琴

Jardim
花园

Ancinho	耙
Arbusto	灌木
Árvore	树
Cerca	栅栏
Ervas Daninhas	杂草
Flor	花
Garagem	车库
Grama	草
Gramado	草坪
Jardim	花园
Lagoa	池塘
Maca	吊床
Mangueira	软管
Pá	铲
Pomar	果园
Solo	土壤
Terraço	平台
Trampolim	蹦床
Varanda	门廊

Jardinagem
园艺

Água	水
Botânico	植物
Buquê	花束
Clima	气候
Comestível	食用
Composto	堆肥
Espécies	物种
Exótico	异国情调
Flor	开花
Floral	花的
Folha	叶
Folhagem	树叶
Mangueira	软管
Pomar	果园
Recipiente	容器
Sazonal	季节性
Sementes	种子
Solo	土壤
Sujeira	污垢
Umidade	水分

Jazz
爵士乐

Artista	艺术家
Álbum	专辑
Bateria	鼓
Canção	歌曲
Composição	组成
Compositor	作曲家
Concerto	音乐会
Estilo	风格
Ênfase	重点
Famoso	著名的
Gênero	类型
Improvisação	即兴创作
Influências	影响
Música	音乐
Novo	新的
Orquestra	管弦乐队
Ritmo	节奏
Talento	人才
Técnica	技术
Velho	老

Literatura
文学

Analogia	类比
Análise	分析
Anedota	轶事
Autor	作者
Biografia	传记
Comparação	比较
Conclusão	结论
Descrição	描述
Diálogo	对话
Estilo	风格
Ficção	小说
Metáfora	隐喻
Narrador	旁白
Opinião	意见
Poema	诗
Poético	诗意
Rima	韵
Ritmo	节奏
Tema	主题
Tragédia	悲剧

Livros
书籍

Autor	作者
Aventura	冒险
Coleção	收藏
Contexto	上下文
Dualidade	二元性
Escrito	书面的
Épico	史诗
História	故事
Histórico	历史的
Inventivo	发明
Leitor	读者
Literário	文学
Narrador	旁白
Página	页
Poema	诗
Poesia	诗歌
Relevante	相关的
Romance	小说
Série	系列
Trágico	悲剧

Mamíferos
哺乳动物

Baleia	鲸
Camelo	骆驼
Canguru	袋鼠
Castor	海狸
Cavalo	马
Cão	狗
Coelho	兔子
Coiote	郊狼
Elefante	大象
Gato	猫
Girafa	长颈鹿
Golfinho	海豚
Gorila	大猩猩
Leão	狮子
Lobo	狼
Macaco	猴子
Ovelha	羊
Raposa	狐狸
Touro	公牛
Zebra	斑马

Matemática
数学

Aritmética	算术
Ângulos	角度
Circunferência	周长
Decimal	十进制
Diâmetro	直径
Equação	方程
Expoente	指数
Fração	分数
Geometria	几何学
Paralelo	平行
Paralelogramo	平行四边形
Perpendicular	垂直
Polígono	多边形
Quadrado	广场
Raio	半径
Retângulo	矩形
Simetria	对称
Soma	和
Triângulo	三角形
Volume	卷

Material de Arte
美术用品

Acrílico	丙烯酸纤维
Apagador	橡皮
Aquarelas	水彩
Argila	黏土
Água	水
Cadeira	椅子
Carvão	木炭
Cavalete	画架
Câmera	照相机
Cola	胶水
Cores	颜色
Criatividade	创造力
Escovas	刷子
Lápis	铅笔
Mesa	桌子
Óleo	油
Papel	纸
Pastels	粉彩
Tinta	墨水
Tintas	油漆

Medições
测量

Altura	高度
Byte	字节
Centímetro	厘米
Comprimento	长度
Decimal	十进制
Grama	克
Largura	宽度
Litro	升
Massa	质量
Metro	米
Minuto	分钟
Onça	盎司
Peso	重量
Polegada	英寸
Profundidade	深度
Quarto	夸脱
Quilograma	公斤
Quilômetro	公里
Tonelada	吨
Volume	卷

Meditação
冥想

Aceitação	接受
Acordado	醒
Bondade	善良
Calmo	平静
Clareza	明晰
Compaixão	同情
Emoções	情绪
Felicidade	幸福
Gratidão	感激
Hábitos	习惯
Mental	心理
Movimento	运动
Música	音乐
Natureza	大自然
Observação	观察
Paz	和平
Perspectiva	透视
Postura	姿势
Respirando	呼吸
Silêncio	沉默

Mitologia
神话

Arquétipo	原型
Ciúmes	嫉妒
Comportamento	行为
Criação	创造
Criatura	生物
Cultura	文化
Desastre	灾难
Força	力量
Guerreiro	战士
Heroína	女主角
Herói	英雄
Imortalidade	不朽
Labirinto	迷宫
Lenda	传说
Mágico	神奇
Monstro	怪物
Mortal	凡人
Relâmpago	闪电
Trovão	雷
Vingança	复仇

Música
音乐

Álbum	专辑
Balada	民谣
Cantar	唱
Cantor	歌手
Clássico	古典
Coro	合唱
Gravação	录音
Harmonia	和谐
Improvisar	凑合
Instrumento	仪器
Lírico	抒情
Melodia	旋律
Microfone	麦克风
Musical	音乐剧
Músico	音乐家
Ópera	歌剧
Poético	诗意
Ritmo	节奏
Tempo	速度
Vocal	声乐

Natureza
大自然

Abelhas	蜜蜂
Abrigo	庇护所
Animais	动物
Ártico	北极
Beleza	美
Deserto	沙漠
Dinâmico	动态
Erosão	侵蚀
Floresta	森林
Folhagem	树叶
Geleira	冰川
Nevoeiro	雾
Nuvens	云
Pacífico	和平
Rio	河
Santuário	避难所
Selvagem	荒野
Sereno	宁静
Tropical	热带
Vital	重要的

Negócios
商业

Carreira	职业生涯
Custo	成本
Desconto	折扣
Dinheiro	钱
Economia	经济学
Empregado	员工
Empregador	雇主
Empresa	公司
Escritório	办公室
Fábrica	工厂
Finança	金融
Impostos	税
Investimento	投资
Loja	商店
Lucro	利润
Mercadoria	商品
Moeda	货币
Orçamento	预算
Rendimento	收入
Venda	销售

Nutrição
营养

Amargo	苦
Apetite	食欲
Calorias	卡路里
Carboidratos	碳水化合物
Comestível	食用
Dieta	饮食
Digestão	消化
Equilibrado	平衡的
Fermentação	发酵
Líquidos	液体
Molho	酱
Nutriente	养分
Peso	重量
Porção	部分
Proteínas	蛋白质
Qualidade	质量
Sabor	味道
Saúde	健康
Toxina	毒素
Vitamina	维生素

Números
数字

Cinco	五
Decimal	十进制
Dez	十
Dezesseis	十六
Dezessete	十七
Dezoito	十八
Dois	二
Doze	十二
Nove	九
Oito	八
Quatorze	十四
Quatro	四
Quinze	十五
Seis	六
Sete	七
Treze	十三
Três	三
Um	一
Vinte	二十
Zero	零

Oceano
海洋

Alga	藻类
Atum	金枪鱼
Baleia	鲸
Barco	船
Camarão	虾
Caranguejo	螃蟹
Coral	珊瑚
Enguia	鳗鱼
Esponja	海绵
Golfinho	海豚
Marés	潮汐
Medusa	海蜇
Ostra	牡蛎
Peixe	鱼
Polvo	章鱼
Recife	礁
Sal	盐
Tartaruga	乌龟
Tempestade	风暴
Tubarão	鲨鱼

Paisagens
景观

Cascata	瀑布
Caverna	洞穴
Deserto	沙漠
Estuário	河口
Geleira	冰川
Golfo	海湾
Iceberg	冰山
Ilha	岛
Lago	湖
Mar	海
Montanha	山
Oásis	绿洲
Oceano	海洋
Pântano	沼泽
Península	半岛
Praia	海滩
Rio	河
Tundra	苔原
Vale	山谷
Vulcão	火山

Países #1
国家 #1

Alemanha	德国
Brasil	巴西
Camboja	柬埔寨
Canadá	加拿大
Egito	埃及
Equador	厄瓜多尔
Espanha	西班牙
Finlândia	芬兰
Iraque	伊拉克
Israel	以色列
Itália	意大利
Índia	印度
Mali	马里
Marrocos	摩洛哥
Nicarágua	尼加拉瓜
Noruega	挪威
Panamá	巴拿马
Polônia	波兰
Senegal	塞内加尔
Venezuela	委内瑞拉

Países #2
国家 #2

Albânia	阿尔巴尼亚
Dinamarca	丹麦
França	法国
Grécia	希腊
Haiti	海地
Indonésia	印度尼西亚
Irlanda	爱尔兰
Jamaica	牙买加
Japão	日本
Laos	老挝
Líbano	黎巴嫩
México	墨西哥
Nepal	尼泊尔
Nigéria	尼日利亚
Paquistão	巴基斯坦
Rússia	俄罗斯
Síria	叙利亚
Somália	索马里
Ucrânia	乌克兰
Uganda	乌干达

Pássaros
鸟类

Avestruz	鸵鸟
Águia	鹰
Cegonha	鹳
Cisne	天鹅
Corvo	乌鸦
Cuco	杜鹃
Flamingo	火烈鸟
Frango	鸡
Gaivota	鸥
Ganso	鹅
Garça	苍鹭
Ovo	蛋
Papagaio	鹦鹉
Pardal	麻雀
Pato	鸭
Pavão	孔雀
Pelicano	鹈鹕
Pinguim	企鹅
Pombo	鸽子
Tucano	巨嘴鸟

Plantas
植物

Arbusto	灌木
Árvore	树
Baga	浆果
Bambu	竹子
Botânica	植物学
Cacto	仙人掌
Erva	草本植物
Feijão	豆
Fertilizante	肥料
Flor	花
Flora	植物
Floresta	森林
Folhagem	树叶
Grama	草
Hera	常春藤
Jardim	花园
Musgo	苔藓
Pétala	花瓣
Raiz	根
Vegetação	植被

Profissões #1
职业 #1

Advogado	律师
Artista	艺术家
Astrônomo	天文学家
Banqueiro	银行家
Bombeiro	消防队员
Caçador	猎人
Cartógrafo	制图师
Cientista	科学家
Dançarino	舞蹈家
Editor	编辑
Embaixador	大使
Encanador	水管工
Enfermeira	护士
Geólogo	地质学家
Joalheiro	珠宝商
Marinheiro	水手
Músico	音乐家
Pianista	钢琴家
Psicólogo	心理学家
Veterinário	兽医

Profissões #2
职业 #2

Agricultor	农民
Astronauta	宇航员
Bibliotecário	图书管理员
Biólogo	生物学家
Cirurgião	外科医生
Dentista	牙医
Engenheiro	工程师
Filósofo	哲学家
Fotógrafo	摄影师
Ilustrador	插画家
Inventor	发明者
Investigador	研究员
Jardineiro	园丁
Jornalista	记者
Linguista	语言学家
Médico	医生
Piloto	飞行员
Pintor	画家
Professor	老师
Zoólogo	动物学家

Psicologia
心理学

Avaliação	评估
Clínico	临床
Cognição	认识
Comportamento	行为
Conflito	冲突
Ego	自我
Emoções	情绪
Experiências	经验
Inconsciente	无意识
Infância	童年
Influências	影响
Percepção	感知
Personalidade	个性
Problema	问题
Realidade	现实
Sensação	感觉
Sonhos	梦想
Subconsciente	潜意识
Terapia	治疗

Química
化学

Alcalino	碱性
Ácido	酸
Calor	热
Carbono	碳
Catalisador	催化剂
Cloro	氯
Elementos	元素
Elétron	电子
Enzima	酶
Gás	气体
Hidrogênio	氢
Íon	离子
Líquido	液体
Molécula	分子
Nuclear	核
Orgânico	有机
Oxigénio	氧
Peso	重量
Sal	盐
Temperatura	温度

Restaurante # 2
餐厅 #2

Almoço	午餐
Aperitivo	开胃菜
Água	水
Bebida	饮料
Bolo	蛋糕
Cadeira	椅子
Colher	勺子
Delicioso	美味
Especiarias	香料
Fruta	水果
Garçom	服务员
Garfo	叉子
Gelo	冰
Jantar	晚餐
Legumes	蔬菜
Macarrão	面条
Peixe	鱼
Sal	盐
Salada	沙拉
Sopa	汤

Roupas
衣服

Avental	围裙
Calça	裤子
Camisa	衬衫
Casaco	外套
Chapéu	帽子
Cinto	带
Colar	项链
Jaqueta	夹克
Jeans	牛仔裤
Lenço	围巾
Luvas	手套
Meias	袜子
Moda	时尚
Pijama	睡衣
Pulseira	手镯
Saia	短裙
Sandálias	凉鞋
Sapato	鞋
Suéter	毛衣
Vestido	连衣裙

Saúde e Bem-Estar #1
健康和保健 #1

Altura	高度
Bactérias	细菌
Clínica	诊所
Doutor	医生
Farmácia	药店
Fome	饥饿
Fratura	断裂
Hábito	习惯
Hormones	激素
Medicina	药
Músculos	肌肉
Nervos	神经
Ossos	骨头
Pele	皮肤
Postura	姿势
Reflexo	反射
Relaxamento	放松
Suplementos	补充剂
Tratamento	治疗
Vírus	病毒

Saúde e Bem-Estar #2
健康和保健 #2

Alergia	过敏
Anatomia	解剖学
Apetite	食欲
Caloria	卡路里
Corpo	身体
Dieta	饮食
Digestão	消化
Doença	疾病
Energia	能源
Genética	遗传学
Higiene	卫生
Hospital	医院
Humor	心情
Infecção	感染
Massagem	按摩
Peso	重量
Recuperação	恢复
Sangue	血
Saudável	健康
Vitamina	维生素

Tecnologia
技术

Arquivo	文件
Blog	博客
Bytes	字节
Câmera	照相机
Computador	电脑
Cursor	光标
Dados	数据
Digital	数字
Estatísticas	统计数据
Fonte	字体
Internet	互联网
Mensagem	信息
Navegador	浏览器
Pesquisa	研究
Segurança	安全
Software	软件
Tela	屏幕
Virtual	虚拟
Vírus	病毒

Tempo
時間

Agora	现在
Ano	年
Antes	以前
Anual	每年
Calendário	日历
Década	十年
Dia	日
Futuro	未来
Hoje	今天
Hora	小时
Manhã	早晨
Meio-Dia	中午
Mês	月
Minuto	分钟
Momento	时刻
Noite	晚上
Ontem	昨天
Relógio	时钟
Semana	周
Século	世纪

Tipos de Cabelo
头发类型

Branco	白色
Brilhante	闪亮的
Cachos	卷发
Careca	秃
Cinza	灰色
Curto	短
Encaracolado	卷曲
Fino	薄
Grosso	厚
Loiro	金发
Longo	长
Marrom	棕色
Prata	银
Preto	黑色
Saudável	健康
Seco	干
Suave	柔软的
Trançado	编织
Tranças	辫子

Universo
宇宙

Asteróide	小行星
Astronomia	天文学
Astrônomo	天文学家
Atmosfera	大气层
Celestial	天体
Céu	天空
Cósmico	宇宙
Equador	赤道
Galáxia	星系
Hemisfério	半球
Horizonte	地平线
Latitude	纬度
Longitude	经度
Lua	月亮
Órbita	轨道
Solar	太阳的
Solstício	冬至
Telescópio	望远镜
Visível	可见
Zodíaco	黄道带

Vegetais
蔬菜

Abóbora	南瓜
Aipo	芹菜
Alcachofra	朝鲜蓟
Alho	大蒜
Batata	土豆
Beringela	茄子
Brócolis	西兰花
Cebola	洋葱
Cenoura	胡萝卜
Chalota	葱
Cogumelo	蘑菇
Ervilha	豌豆
Espinafre	菠菜
Gengibre	姜
Nabo	芜菁
Pepino	黄瓜
Rabanete	萝卜
Salada	沙拉
Salsa	香菜
Tomate	番茄

Veículos
车辆

Ambulância	救护车
Avião	飞机
Balsa	渡轮
Barco	船
Bicicleta	自行车
Caminhão	卡车
Caravana	大篷车
Carro	汽车
Foguete	火箭
Furgão	货车
Helicóptero	直升机
Jangada	筏
Lambreta	滑板车
Metrô	地铁
Motor	马达
Ônibus	总线
Pneus	轮胎
Submarino	潜艇
Táxi	出租车
Trator	拖拉机

Parabéns

Conseguiu!

Esperamos que tenha gostado tanto deste livro como nós gostamos de o desenhar. Esforçamo-nos por criar livros da mais alta qualidade possível.
Esta edição foi concebida para proporcionar uma aprendizagem inteligente, de qualidade e divertida!

Gostou deste livro?

Um simples pedido

Estes livros existem graças às críticas que publica.
Pode ajudar-nos, deixando agora uma revisão?

Aqui está um pequeno link para
a sua página de revisão:

BestBooksActivity.com/Avaliacoes50

DESAFIO FINAL!

Desafio n° 1

Está pronto para o seu jogo grátis? Usamo-los a toda a hora, mas não são tão fáceis de encontrar - aqui estão os **Sinônimos!**
Escreva 5 palavras que encontrou nos puzzles (n° 21, n° 36, n° 76) e tente encontrar 2 sinónimos para cada palavra.

Escreva 5 palavras de *Puzzle 21*

Palavras	Sinônimo 1	Sinônimo 2

Escreva 5 palavras de *Puzzle 36*

Palavras	Sinônimo 1	Sinônimo 2

Escreva 5 palavras de *Puzzle 76*

Palavras	Sinônimo 1	Sinônimo 2

Desafio n° 2

Agora que já aqueceu, escreva 5 palavras que encontrou nos Puzzles (n° 9, n° 17 e n° 25) e tente encontrar 2 antônimos para cada palavra. Quantos se podem encontrar em 20 minutos?

Escreva 5 palavras de **Puzzle 9**

Palavras	Antônimo 1	Antônimo 2

Escreva 5 palavras de **Puzzle 17**

Palavras	Antônimo 1	Antônimo 2

Escreva 5 palavras de **Puzzle 25**

Palavras	Antônimo 1	Antônimo 2

Desafio nº 3

Óptimo! Este desafio final não é nada para si.

Pronto para o desafio final? Escolha 10 palavras que tenha descoberto nos diferentes puzzles e escreva-as abaixo.

1.	6.
2.	7.
3.	8.
4.	9.
5.	10.

Agora escreva um texto a pensar numa pessoa, num animal ou num lugar de seu agrado.

Pode utilizar a última página deste livro como um rascunho.

A Sua Composição:

CADERNO DE NOTAS:

ATÉ BREVE!

A equipa Inteira

DESCUBRA JOGOS GRATUITOS

GO

BESTACTIVITYBOOKS.COM/FREEGAMES